PATIOS

JARDINERÍA EN CASA

PATIOS

ANDI CLEVELY

FOTOGRAFÍAS DE
STEVEN WOOSTER

BLUME

BLUME

Título original:
Patios

Traducción:
Rosa Cano Camarasa

Revisión científica y técnica de la
edición en lengua española:
Teresa Casasayas Fornell
Doctora en Ciencias Biológicas
Especialista en Botánica
Profesora de la Escuela de Jardinería
Rubió i Tudurí, Barcelona
Profesora del Máster en Arquitectura
del Paisaje, Escuela de Arquitectura,
Universidad Politécnica de Cataluña

Coordinación de la edición en
lengua española:
Cristina Rodríguez Fischer

*Primera edición en
lengua española 2008*

© 2008 Naturart, S.A. Editado por Blume
Av. Mare de Déu de Lorda, 20
08034 Barcelona
Tel. 93 205 40 00 Fax 93 205 14 41
E-mail: info@blume.net
© 2006 Frances Lincoln, Ltd, Londres
© 2006 del texto Andi Clevely
© 2006 de las fotografías
Steven Wooster

I.S.B.N.: 978-84-8076-758-3

Impreso en Singapur

CONSULTE EL CATÁLOGO
DE PUBLICACIONES ON LINE
WWW.BLUME.NET

En un patio se pueden plantar flores
(página 1), puede ser un lugar desde
donde contemplar el paisaje
(página 2) o simplemente un lugar
donde sentarse y relajarse con buena
compañía (esta página).

CONTENIDO

INTRODUCCIÓN

Lo mejor de ambos mundos

El patio se ha convertido en una característica establecida
de los jardines modernos, principalmente gracias a Thomas
Church, paisajista estadounidense de mediados del
siglo xx. Thomas Church se inspiró en las tradiciones
antiguas de Persia y de la España musulmana y reinventó
el estilo de jardinería típico del patio para crear zonas de
estar al aire libre para californianos ricos.

Inevitablemente, la tendencia liberadora de los interiores
diáfanos pasó al jardín, cuya zona más cercana a la casa
se convirtió en una extensión del salón y del comedor.
Como concepto fue un gran éxito, además de ofrecer
un lugar permanente y acogedor para disfrutar de la vida
al aire libre. Fue una revolución que cambió la idea, el
concepto de casa y jardín como territorios independientes
y creó un valioso y nuevo espacio ajardinado que unía lo
mejor de ambos mundos, de la casa y del jardín.

Los elementos esenciales de un patio perfecto: un pavimento
bonito y resistente, unas plantas de exuberante follaje,
unos asientos cómodos y una mesa lista para disfrutar.

Posibilidades extremas: un patio y un pasillo monótonos (izquierda) se han transformado con la colocación de la tarima y con las macetas con plantas, mientras que la espléndida terraza cubierta (derecha), que flanquea uno de los lados de una casa grande, se convierte en un elegante y espacioso porche que se comunica con el jardín.

Definiciones

Los jardineros actuales hacen una clara distinción entre patios interiores, patios y terrazas, aunque a veces estos términos se solapan en significado y en muchas estructuras clave.

- Patios interiores: se trata de un espacio de superficie dura delimitado por edificios o paredes y sin techo que muchas veces abarca todo el jardín, aunque se trata de una zona de trabajo al lado de la casa.

- Patios: anteriormente eran los patios interiores, pero ahora es una parte del jardín independiente y con una superficie dura, generalmente (pero no siempre) contigua a la casa y que se suele utilizar para sentarse o recibir al aire libre.

- Terraza: en rigor, se trata de un patio delimitado por una pared baja o una barandilla, aunque también se utiliza para describir una zona plana para el cultivo formada en una pendiente.

En la actualidad, los patios son algo tan normal y extendido que es difícil apreciar el impacto emancipador que causaron al principio en el ámbito de la jardinería, ya que hicieron desaparecer los antiguos límites y las inhibiciones, animando a todo el mundo a redescubrir la vida «al aire libre». Un patio puede ser un salón al aire libre tan lleno de promesas y posibilidades como un pedazo de tierra para cualquier jardinero entusiasta.

No hay espacio demasiado pequeño

El típico patio persa de la antigüedad era un amplio patio doméstico: básicamente una estancia sin techo que ofrecía refugio, frescor y un lugar de esparcimiento en medio de un entorno seco y estéril y de un calor sofocante.

El patio moderno es un lugar igual de especial, un refugio verde en un vecindario lleno de edificios o quizá una isla dentro de un jardín lleno de plantas. Si se ha concebido y construido con imaginación puede convertirse en un oasis tanto para las personas como para las plantas.

El tamaño del patio es totalmente flexible. Si se dispone de suficiente espacio o si se quiere algo elegante, el patio

puede ser un atrio que ocupe toda la zona central delimitada por muros o edificios; una terraza que ocupe toda la parte trasera de la casa o incluso una veranda o un porche elevado en la parte delantera donde sentarse y contemplar el mundo pasar –en este caso, una mecedora sería un accesorio esencial.

Por otro lado, un patio puede ser simplemente un rincón reservado del jardín, pavimentado, y tal vez con algo para sentarse. Según las tradiciones japonesas de jardinería, un diminuto patio de tan sólo 1,2 metros cuadrados ya se considera un lugar adecuado para la contemplación (*véase* recuadro) y la sencilla disposición de estos patios se puede aplicar fácilmente a un balcón, a una azotea o al patio de una planta baja en el centro de la ciudad.

Aceptar nuevas ideas

En la historia y en las tradiciones se pueden encontrar ejemplos que inspiren y sugieran formas que permitan que el diseño del patio resulte más interesante o que ayuden a solventar algunas dificultades. Sólo hay que seguir unas cuantas reglas.

Se puede ajustar el tamaño, la forma y la alineación para que se adapten al terreno y a sus deseos. La variedad de materiales de construcción no se limita a las lajas o a la tarima de madera y puede incluir materiales diferentes, como las rejas de metal y la grava de cristal o un mosaico con un dibujo original o la yuxtaposición de diferentes estilos. Merece la pena considerar cualquier tipo de material; su éxito depende de la forma en que se utilice.

La iluminación y la decoración del patio con elementos de agua, asientos en colores intensos o plantas exóticas en macetas llamativas pueden ayudar a imprimir su sello y estilo al plano más sencillo y hacer que una estructura

---

El *tsubo-niwa*

El *tsubo-niwa* es un clásico patio japonés utilizado para meditar y cuyo tamaño está basado en una antigua unidad denominada *tsubo* que equivale a 1,4 metros cuadrados, Típicamente sobrio y despejado, puede que sólo tenga un cuenco con agua, un arce enano y una o dos rocas, escogidos cuidadosamente y colocados de forma que representen los elementos de un paisaje ideal.

---

simple y práctica se convierta en una acogedora sala de estar al aire libre.

Aunque casi cualquier diseño es válido, las decisiones importantes se tienen que tomar antes de iniciar el trabajo, incluso cuando se trata de reformar un espacio ya existente. Un patio es una estructura tan permanente como cualquier otra del jardín, y, para asegurarse de que el producto final se ajustará a lo que había imaginado, lo más adecuado es:

- Tener claro qué es exactamente lo que se pretende con ese espacio.
- Evaluar el solar y el entorno.
- Considerar todas las opciones prácticas que existen.

El resultado puede ser un espacio acertado y elaborado que transformará su vida al aire libre.

La sinfonía de materiales –madera, grava, piedra natural y musgo– satisface todos los elementos naturales esenciales en un auténtico patio de estilo oriental.

1

UN JARDÍN
para
VIVIR

Sencillo en su forma, pero infinitamente variado en los detalles, el patio o patio interior es una característica clásica del jardín que se ha convertido en un espacio apreciado y duradero, así como en el centro de diversas actividades al aire libre, desde recibir a amigos hasta escaparate de una colección especial de plantas. Para aprovechar al máximo todas las oportunidades que ofrece, hay que equilibrar las aspiraciones que se tengan con la apreciación de sus cualidades especiales para convertirlo en una expresión satisfactoria del estilo de vida y de los intereses personales.

EL PERFIL DE UN PATIO

A diferencia de otros componentes de un jardín tradicional, que son principalmente hábitats donde cultivar o exponer plantas, los patios son básicamente zonas intermedias que desdibujan la distinción entre casa y jardín. Apreciar esta unión de identidades puede ejercer una influencia liberadora cuando se está acostumbrado a considerar el jardín como una vista atractiva desde la ventana o un lugar sinónimo de trabajo, hecho que forma parte del característico encanto del patio.

Un patio es, a la vez, parte del entorno construido y componente del jardín. En lugar de tener césped o tierra, la base es un pavimento duro de madera o de un material inorgánico como la piedra o el ladrillo, que crean una superficie de fácil mantenimiento apropiada para todo tipo de climas. Estas superficies, con su buen drenaje y su rápido secado, son perfectas para colocar los accesorios adecuados para el exterior y lograr así el ambiente de un elegante lugar para disfrutar o, tal vez, un *bistro*. Los asientos de exteriores se pueden dejar en su sitio como una invitación para salir fuera al primer signo de buen tiempo, y la barbacoa, la mesa y las sillas están mejor aquí que en el jardín. El patio es un lugar donde combinar el arte de la decoración de interiores con el esparcimiento y la jardinería, es decir, el estilo mediterráneo de vida al aire libre.

Muchas plantas se adaptan muy bien al patio. Según su orientación (la cantidad de luz, la temperatura y la sombra) se pueden cultivar plantas específicas, como algunas plantas de sombra, plantas suculentas que necesitan sol y calor, árboles frutales en espalderas plantados en bonitas macetas, una colección de bonsáis colocados

La madera es un material muy versátil para el pavimento, que permite un barniz y un acabado apropiados para un elegante patio (como el de la fotografía de las páginas anteriores), y que también se puede dejar al natural como sencilla base de un patio trasero alegre e informal (izquierda).

Cambios de temperatura

A pleno sol, algunos pavimentos de los patios distribuyen parte del calor por el entorno y absorben el resto durante el día para liberarlo por la noche, como si de estufas de almacenamiento se tratasen. Cuando esta capacidad se combina con las similares propiedades de absorción del calor de las paredes del patio se produce un aumento de la temperatura de 2°-3 °C e incluso de hasta 6 °C en un día muy soleado. Si bien un aumento de la temperatura es algo deseable en una zona de clima frío, en regiones más cálidas, donde lo que se pretende es huir del sol, un patio con sombra situado cerca del agua o en un lugar donde llegue la brisa puede ofrecer un deseado descanso del sol. Aumentar el efecto de la sombra con fuentes u otros detalles con agua y muchas plantas frondosas puede refrescar enormemente el patio y hacerlo tangiblemente más agradable.

en espaciosas baldas y diferentes plantas en parterres elevados. La ausencia de tierra no supone una limitación y, además, las plantas en macetas se pueden cambiar de lugar según la estación, lo que supone una ventaja, pues permiten una mayor flexibilidad que la plantación permanente del jardín.

El patio como escenario

Aunque ofrece un gran número de posibilidades de plantación (*véase* capítulo 3), el patio moderno es, ante todo, una práctica zona de estar, un escenario que se puede arreglar y decorar para ocasiones especiales y también para la vida cotidiana.

Incluso aunque se encuentre situado en un secreto rincón del jardín, el patio siempre implica algo especial, pues se considera un lugar fuera de lo común donde retirarse, reunirse o disfrutar. Hay que preparar la escena de forma adecuada, pero no de forma excesiva, que no deje lugar a los cambios y evoluciones de sus gustos y sus actividades.

Como se trata de un importante espacio permanente en el que a veces no sólo se invierten esperanzas, sino también dinero –en el caso de un patio interior no suele haber más jardín–, mientras sueña y maquina tiene que estar seguro de que el diseño final será adecuado para la ubicación del patio y también para su estilo de vida y que a la vez sea adaptable.

PLANIFICAR

Conseguir que el proyecto quede bien depende de una cuidadosa planificación, y lo ideal es empezar por

Las líneas clásicas y austeras de los setos cuidadosamente podados y de los árboles podados en topiaria complementan la inmaculada solada de ladrillo.

considerar sus motivos y sus aspiraciones. Obviamente, lo primero que hay que preguntarse es por qué y, a continuación, dónde y cómo. Sus respuestas le indicarán como utilizar mejor el espacio. Si quiere prolongar el salón y dejar las puertas correderas abiertas para poder entrar y salir al sol, y crear un espacio donde los niños puedan jugar seguros o bajo supervisión y poder resguardarse enseguida de la lluvia, el patio tendrá que ser contiguo a la casa como una terraza. Si recibe a amigos regularmente, probablemente necesitará crear un espacio donde se puedan sentar bastantes personas.

Piense cuántas personas van a utilizar el patio al mismo tiempo, si será simplemente la familia o también visitas y cuándo lo va a utilizar más: un patio con mucho sol es más adecuado para bañarse, mientras que para las veladas veraniegas es más adecuada una orientación desde la que se pueda contemplar la puesta del sol. Lo más probable es que quiera que el patio sea una estancia al aire libre, espaciosa y con muebles y accesorios tales como calefacción e iluminación o una zona del jardín en la que cultivar una variedad especial de plantas. Si se trata de este último caso, piense detenidamente si disfruta con la jardinería o si prefiere las plantas de fácil mantenimiento para no tener que dedicar mucho tiempo al jardín.

Una vez que haya establecido la función principal del patio, elabore el proyecto con algunos detalles básicos.

Atravesar la mampara de un patio con una ventana o una puerta permite disfrutar de una agradable y relajante vista y, en este ejemplo, de la refrescante fragancia de la lavanda en flor.

Por ejemplo, si recibe, ¿va a cocinar al aire libre en una barbacoa, una chimenea o una hoguera (en cuyo caso, el patio ha de estar alejado de la casa) o tiene que estar cerca de la cocina para poder entrar y salir? Visualice el ambiente ideal: fresco y sofisticado, recluido y con una iluminación tenue o quizá el de la terraza de un bar, con muchas plantas, colores intensos y la animada cadencia del juego del agua.

Si su objetivo es un oasis de paz verde, decida si quiere que esté cerca de la casa para poder disfrutar de las plantas desde el interior o si desea que se halle en un extremo del jardín, quizá donde se pueda sentar bajo los árboles, de espaldas al mundo.

¿Prefiere la tranquila formalidad de unas pocas plantas majestuosas en bonitas macetas y en arriates simétricos o siente predilección por una exuberante selva de exóticas plantas tropicales o un lugar donde escaparse dentro del desorden de las flores silvestres, los comederos de pájaros y un estanque natural?

La comodidad y la seguridad son importantes para la familia y para los invitados y pueden influir en el diseño. En los patios elevados, algunas veces hay que instalar barandillas (consulte las regulaciones locales de construcción) y puede que la gente mayor, los niños y los discapacitados necesiten rampas. Si piensa en un espacio para los niños, recuerde que el agua que fluye es menos peligrosa que un estanque de aguas estáticas, por muy poco profundo que sea; si instala un cajón de arena es mejor que tenga tapa para evitar que lo utilicen los animales domésticos, y, en el caso de los columpios, es necesario que tengan un anclaje seguro (suele ser más fácil en un suelo de tarima que en uno pavimentado) y que la zona donde se sube y se baja sea blanda. También se pueden construir elementos de almacenaje para que se conserven secos y de manera segura los juegos, así como los muebles plegables.

Ser consciente de la realidad

Resulta ideal soñar y explorar fuentes de inspiración, pero también es muy importante estudiar el solar, pues lo que le gustaría y lo que tiene puede que no tengan nada que ver. No existe ningún espacio que no se pueda mejorar y, a veces, algunas desventajas aparentes pueden convertirse en oportunidades para adaptar y mejorar los planes originales.

En este punto, hay que saber ser objetivo y práctico. Alarmarse porque la zona está muy descuidada o impacientarse por empezar a construir un nuevo patio puede hacer peligrar el mejor de los planes; además, una valoración honesta al principio puede ayudar a evitar costes innecesarios y frustraciones y desencantos posteriores.

El nuevo jardín Las viviendas nuevas y los jardines sin césped o despejados son un lienzo en blanco donde dibujar el diseño básico. Hay que procurar mantener el equilibrio entre el jardín y el impacto que pueda tener el patio en el espacio que quede y en otros planes posteriores.

Accesorios multiuso

Cuando no se dispone de mucho espacio es conveniente utilizar los muebles y accesorios de diferentes formas:

- Las sillas y los bancos pueden utilizarse como cajas para almacenar herramientas o como banquetas plegables.
- Una mesa con el sobre que se levante sirve para poner dentro una barbacoa.
- Las losas de un parterre elevado pueden servir de cómodo asiento.
- Se pueden hacer agujeros en el sobre de una mesa para poner macetas con tomates y lechugas.
- Los azulejos entre las macetas con hierbas sirven para dejar los platos mientras se recolectan las hierbas para decorarlos.
- Coloque el cajón de arena de los niños a cierta profundidad en un lugar donde resulte fácil cubrirlo y convertirlo después en un estanque.

No obstante, si lo compara con otras situaciones, tiene carta blanca para proyectar lo que desee, incluso para convertir todo el jardín en una zona pavimentada o para construir más de un patio.

El jardín antiguo En este caso habrá que ir con más cautela. Un patio puede constituir el nexo de unión que faltaba entre el jardín y la casa, pero, si no se tiene cuidado, también puede eliminar zonas que le gustaban o competir con el resto. Clasifique las prioridades, haga una lista de las ventajas y los inconvenientes y modifique su concepción general para intentar no perder

El pavimento actúa como fondo neutro o pasivo y también como una característica clave del diseño, como en este ejemplo, en el que se utilizan deliberadamente los mismos ladrillos claros para unir el patio octogonal con el sendero pavimentado con ladrillos en espiga.

El clima a ras de suelo

Mientras que los patios grandes suelen ser muy soleados, los patios más pequeños, los que tienen forma de pasillo y las zonas «hundidas», suelen tener siempre sombra, al menos al nivel del suelo. En estos casos suele existir un aire fresco y húmedo que supone un agradable descanso del calor del verano, pero que en invierno sigue siendo más frío (incluso puede llegar a ser helado) que el resto del jardín. Utilice pavimentos cálidos, colores intensos, materiales reflectantes y grandes plantas que se desarrollen bien en la sombra para conferir un toque verde a espacios de este tipo; intente que tengan buena ventilación para que no haya demasiada humedad e instale calefacción y una buena iluminación para ofrecer una sensación más cálida y crear una atmósfera más agradable.

nada. Recuerde que un patio bien proyectado mejora todo el jardín y se puede ubicar en cualquier rincón –en el extremo más alejado, por ejemplo, en lugar de la ubicación típica adyacente a la casa

El jardín desastre En el caso de jardines abandonados y repletos de vegetación hay que decidir si existen algunos detalles que merezca la pena conservar –senderos, estructuras, quizá un arbusto o un árbol o un estanque abandonado– o si es mejor y más económico (*véase* pág. 22) limpiar el terreno y empezar desde cero. Antes de decidir dónde se va a construir conviene esperar un año por si el antiguo jardín oculta algún tesoro, así como para obtener información, como cuáles son sus puntos más soleados o qué partes se hielan en invierno.

Sin jardín Puede que empiece con un patio de cemento o un patio en la planta baja, un balcón o una azotea o incluso una casa flotante, o con un rincón del aparcamiento adyacente a la casa. Puesto que el patio puede ser de la forma y el tamaño que uno quiera, se puede proyectar para que encaje en el lugar escogido y con la función que uno desee y que al menos sea lo suficientemente grande para colocar una silla y unas cuantas macetas. Tal vez tenga que arreglárselas en circunstancias excepcionales, por ejemplo, mucho viento en una azotea o humedad en un terreno por debajo del nivel del suelo (*véase* recuadro), pero no existe nada que no se pueda solventar.

Principios para la reforma

Cuando se considera la reforma de una zona abandonada, hay que planificar el trabajo en distintas fases, que se explican a continuación:

Las losas de cemento o de piedra se pueden colocar sobre césped como si fuesen piedras para cruzar un río y así crear una superficie sutilmente integrada (izquierda) o se pueden colocar muy juntas para conseguir un pavimento liso que no necesita ningún tipo de mantenimiento (derecha).

Mejoras Sopese qué zonas existentes se pueden salvar o modificar con objeto de conservar los puntos positivos que puedan integrarse en el nuevo espacio.

Eliminación Despejar zonas específicas puede dar muy buenos resultados –retirar un arbusto o un árbol enfermo, por ejemplo, o cambiar detalles

prácticos como los cubos de la basura o las cuerdas para tender.

Adición de nuevos elementos Simplemente, la construcción de un nuevo sendero o de un nuevo patio y la instalación de iluminación y de agua pueden mejorar lo que se tiene sin necesidad de realizar cambios más drásticos.

EVALUACIÓN DEL TERRENO

En un primer momento, es necesario percatarse de las virtudes y de los defectos del lugar, mientras todavía hay tiempo para decidir si la construcción es viable y, en caso de que lo sea, el lugar donde se ha de realizar.

Es mejor considerar primero lo más obvio: si ya le gusta o si le acabará gustando estar al aire libre en el lugar escogido. Casi todos los problemas ambientales se pueden mejorar o incluso eliminar, tanto si es un ruido molesto como una vista incómoda, aunque, en algunos casos, la mejor solución probablemente sea intentar subsanarlos. Por ejemplo, si sentarse fuera no resulta completamente agradable, se puede construir un patio al lado de la casa o en un balcón y dedicarlo totalmente a las plantas y a los detalles paisajísticos, como el agua y las piedras, y disfrutarlo desde el interior. Aunque en un principio el patio era un lugar para disfrutar y sentirse cómodo, no es necesario permanecer en él para que resulte un éxito.

Si dispone de un jardín de un tamaño muy reducido, probablemente no tenga mucha elección a la hora de decidir dónde ubicar el patio; si lo que tiene es un patio interior, un balcón o una azotea, la ubicación y la alineación suele estar ya decidida. Sin embargo, en un jardín más grande suele existir más flexibilidad, y hay una serie de factores que pueden influir en su decisión o sugerir los cambios que hay que realizar para que el proyecto se ajuste a su entorno.

Condiciones Observe si el lugar es predominantemente soleado o umbrío y cuándo le da más el sol. Este hecho es importante para disfrutar mejor del patio cuando vaya a utilizarlo, así como para determinar

Un patio, considerado como un lugar de reunión al aire libre, se puede crear en los lugares más variopintos, como en esta terraza urbana (izquierda) o en este enclave a la orilla del mar (derecha). En ambos casos, la madera destaca como un material para el pavimento sólido, adaptable y ligero.

Xerófitas

Las xerófitas son un tipo de plantas resistentes a la sequía, generalmente porque provienen de zonas con este tipo de clima. Por su resistencia y por su fácil mantenimiento son plantas excelentes para el patio, ahora bien, si durante el invierno el patio se hiela es conveniente asegurarse de que las plantas elegidas sean también resistentes a las heladas. Algunas de las plantas apropiadas son los arbustos mediterráneos, australianos y californianos, las plantas suculentas y los cactos; las plantas herbáceas resistentes a la sequía, como equinops, eringios, y lechetreznas; y muchos bulbos, especialmente alliums, crocus, muscaris, casi todos los tulipanes y la mayoría de bulbos sudafricanos.

el tipo de plantas que se desarrollan mejor. Si le da mucho el sol, muchas plantas sufrirán si no se riegan abundante y frecuentemente (*véase* recuadro). Considere si se puede cambiar esta característica, por ejemplo, con una mampara o podando algunos árboles.

Resguardo Averigüe en qué dirección sopla el viento dominante y compruebe si puede constituir un motivo de incomodidad. Las corrientes que se producen entre los edificios se pueden desviar o filtrar o quizá, si la ubicación es muy expuesta, prefiera construir un recinto más resguardado. En este caso, no tiene por qué dejar

de ser luminoso si utiliza enredaderas o arbustos en espalderas o quizá una pared de pavés.

Vistas Asegúrese de que le satisface lo que ve cuando se sienta en el patio. Una mampara o una plantación estratégica pueden disimular las vistas; por el contrario, podar algunas plantas o apartarlas, en el caso de que la entorpezcan, le permitirá «tomar prestado» el paisaje del entorno. Recuerde que la composición incluirá el cielo, cuya vista se verá entorpecida si pretende colocar un techado de bambú, por ejemplo, o un techo corredero de cristal sobre el patio.

La mesa y los bancos, la tarima de madera y las grandes macetas han convertido este inhóspito pasillo entre edificios (izquierda) en un elegante patio. Las sencillas líneas de la plataforma de madera y de los escalones (derecha) enmarcan un tranquilo oasis situado en un frondoso rincón del jardín.

Entorno ¿Se integrará el patio de manera sutil en el entorno, hará que éste resalte o predominarán características que son importantes? Cualquier cambio produce reacciones en un contexto más amplio y una estructura importante, como en el caso de un patio, provocará reajustes en la sensación general de equilibrio. Delimitar deliberadamente el patio como un recinto cerrado puede resultar más adecuado que una difícil coexistencia con el resto del jardín.

Niveles No todos los jardines están nivelados y quizás tenga que arreglar una pendiente. Lejos de constituir un problema, este hecho puede suponer interesantes oportunidades para utilizar superficies con dos niveles, tal vez con parterres elevados, terrazas, escalones o fuentes. Defina los cambios de nivel con pavimentos que contrasten para marcar pasillos y lugares de reunión, disfrute de las vistas colocando los asientos en el nivel más alto y utilice los niveles más bajos con el fin de crear jardines hundidos.

El nivel oculto

Un patio próximo a la casa o unido a ella puede estar situado sobre algunas instalaciones: eléctrica, de gas, de agua, de suministro de petróleo y de desagües.

Para evitar dañar algunas de estas instalaciones al excavar los cimientos hay que averiguar su ubicación y asegurarse de que se puede acceder a ellas una vez que el proyecto se haya terminado. Algunas veces, la escritura de la casa incluye un plano de estas instalaciones, aunque también puede informarle la empresa que se haya encargado de la instalación o el contratista. Al abrir un pozo de registro normalmente se puede ver el recorrido de una instalación; por otro lado, también pueden indicar su ubicación las conexiones que están sobre el suelo. De cualquier modo, sea prudente.

Los patios que se encuentran alejados de las casas suelen hallarse en zonas donde no suele haber instalaciones y donde se puede construir sin ningún tipo de problemas, aunque siempre conviene asegurarse de que sea así.

Desagües

Cualquier suelo duro instalado sobre la tierra impide el drenaje natural, de manera que se formarán charcos, motivo por el cual las superficies de grandes dimensiones con suelos de materiales porosos tienen una ligera inclinación o pendiente para drenar el agua de la superficie, que pasa a un desagüe o simplemente fluye hacia otra zona adyacente del jardín (*véase* también parterres elevados, pág. 97).

En lugar de considerar el agua de lluvia como un problema, intente utilizarla de forma práctica o decorativa, ya que su patio ganará atractivo.

El suelo del patio debe tener una ligera pendiente hacia las zonas de arriates o hacia las juntas con el fin de que las plantas puedan aprovechar el agua y, de este modo, pueda reducir el riego.

Una muestra de algunos de los muchos materiales que se pueden utilizar para pavimentar un patio exterior o uno interior –grava, adoquines, losas e incluso césped–, todos con características visuales y con texturas que merece la pena tener en cuenta.

Dirija el agua de la superficie hacia un surco o un canal de escasa profundidad con, al que le habrá añadido guijarros o cristales en su interior que bordee el patio o que lo cruce de forma decorativa.

Canalice el agua de la superficie hacia un estanque, situado junto o dentro del patio, que se puede acabar de llenar con el agua de la lluvia que cae sobre el tejado y se acumula en un recipiente que, al desbordarse, desemboca en el estanque.

Cuando considere que ya ha sopesado las cualidades y las posibilidades del solar, ya está casi listo para empezar. Lo único que queda por hacer es calcular el presupuesto (y ajustarse a él), dividir el proyecto en fases viables y decidir si le va a encargar el trabajo a unos albañiles o si lo va a hacer usted mismo.

PLANIFICACIÓN
y
CONSTRUCCIÓN

Mientras el sueño toma forma en la mente, es hora de volver a la tierra –literalmente, porque hay que observar con mayor atención el potencial del solar y considerar si el estilo y los detalles que ha imaginado funcionarán en el lugar escogido. Se trata de una oportunidad para examinar la gran variedad de materiales y accesorios disponibles con objeto de crear un diseño práctico y bonito apropiado para sus necesidades, así como para el concepto de patio.

CÓMO EMPEZAR

LAS FASES BÁSICAS

Dibuje el plano

Mida correctamente el solar (con una cinta métrica de 30 metros tendrá suficiente) y anote las medidas en un plano del jardín dibujado a escala en una hoja de papel cuadriculado; en el caso de que prepare un proyecto que se ha de presentar para solicitar los permisos, tendrá que ser muy exacto. Compruebe las medidas de las formas cuadradas y rectangulares midiendo y comparando la longitud de sus diagonales. Dibuje todos los detalles –tales como árboles, muros, senderos, pozos de registro– y añada los detalles más importantes de su proyecto.

Delimite el solar

Cuando esté listo para empezar, pase el plano del patio al terreno y señale las líneas básicas y los detalles con una cuerda bien estirada, atada a cañas, estacas o ladrillos. Para marcar o indicar las curvas utilice arena o un marcador en spray. Vuelva a comprobar si le gusta el proyecto e intente ver el efecto que causará con respecto al resto del jardín.

Prepare el solar

Todos los pavimentos de ladrillo y de losas necesitan una base sólida y estable para aislarlos de los cambios de la tierra que tienen por debajo, así como de las pisadas que sufren por encima. Retire la hierba con una pala (amontónela para que se descomponga y pueda utilizarla como abono en el jardín) y quite los primeros

Los proyectos más convincentes son los que se realizan después de haber evaluado el solar como un todo, tanto si se trata de un pequeño patio que hay que volver a pavimentar y plantar (páginas anteriores) como de un proyecto que implique crear senderos y zonas para sentarse desde un extremo al otro del jardín.

15 centímetros de tierra de toda la zona (reserve la tierra para parterres elevados o para añadirla a las macetas). Nivele la superficie que ha excavado y presiónela fuertemente con un poste pesado o con un compactador de suelos que es posible alquilar. Compruebe los niveles y las pendientes y después prepare la base (*véase* recuadro).

La base para pavimentar

- Si pavimenta sobre arena, extienda, nivele y compacte una capa de 10 centímetros de piedra triturada por toda la superficie y cúbrala con una capa de 5-8 centímetros de arena seca y nivelada.

- Si pavimenta sobre mortero, prepare una base dura, como la que se ha explicado anteriormente, y cúbrala con una capa de 10 milímetros de arena seca para obtener una superficie nivelada. Mezcle y vierta una capa de 2,5 centímetros de mortero, suficiente para colocar 3-4 losas de una vez.

Los materiales para el suelo pueden combinar muy bien si se actúa con cuidado, como en este jardín (izquierda), donde el círculo pavimentado con losas está rodeado por un anillo de grava como si de un foso seco se tratase. Sin embargo, los materiales erosionados, como el ladrillo desgastado, pueden resultar tan especiales que se merecen brillar por sí solos (derecha).

EL SUELO DEL PATIO

Uno de los elementos principales de cualquier patio es el material acabado del suelo. Este material, probablemente el más caro de todo el proyecto, tiene que ser resistente y duradero y ha de instalarse adecuadamente sobre una base sólida que drene bien. El tipo de suelo que escoja dependerá de una serie de factores, tales como el aspecto, el coste, la facilidad de instalación y el desgaste al que se va a someter. Existen tres tipos principales de materiales para el suelo: losas y ladrillo; madera y materiales sueltos como la grava y los trocitos de pizarra.

PAVIMENTOS PARA EL PATIO

La piedra, el cemento y el ladrillo son materiales rígidos y duraderos apropiados para zonas que se utilizan mucho, siempre y cuando estén bien instalados sobre una base sólida y bien consolidada (*véase* recuadro pág. 33). Son

Las losas de piedra cuidadosamente entrelazadas sobre una sólida base y con un acabado regular y consistente forman una plataforma nivelada y segura adecuada para colocar la mesa y las sillas.

fáciles de colocar, en caso de que lo vaya a hacer usted mismo, y de mantener.

Losas

Las losas pueden ser de cemento o de piedra reconstituida, en diferentes colores que se van decolorando y aclarando con el tiempo, o también de piedra natural, en cuyo caso suelen tener un acabado con mucha textura o hendiduras. Las losas de barro cocido también se encuentran en tonos cálidos y suaves. Todas tienen formas bien definidas y se fabrican en diferentes tamaños y se pueden colocar creando dibujos interesantes. Las grandes pueden resultar un poco pesadas para manejarlas, hay que tratarlas con cuidado y es conveniente ponerse guantes de trabajo. Las losas recicladas de piedra pueden tener diferentes grosores. Las losas rotas resultan muy económicas y es el material que se suele utilizar para pavimentos con formas «divertidas», pero se necesita saber colocarlas bien para obtener un pavimento atractivo.

Ladrillos y adoquines

Los elementos de menor tamaño son más difíciles de colocar y se necesita más tiempo, pero tienen un mayor potencial de diseño, tanto por sí solos, formando diferentes dibujos geométricos, como utilizados con losas, como realce, como inserción o como borde. Los ladrillos nuevos

El hecho de que el patio se vea desde arriba constituye una razón adicional para crear unas formas agradables con diferentes materiales, como losas, adoquines o ladrillos.

Consejos para la instalación del suelo

- Si las juntas se rellenan con mortero para conseguir un acabado impermeable, el suelo del patio ha de estar ligeramente inclinado para eliminar el agua de la superficie. Hay que lograr una inclinación de 1 centímetro por metro *lejos* de las paredes y *hacia* un desagüe o un estanque.
- Hay que asegurarse de que la superficie acabada esté como mínimo a 15 centímetros o a dos hileras de ladrillos por debajo de la hidrofugación de los muros de la casa para evitar que éstos absorban la humedad.
- Si se quieren dejar espacios con tierra para plantar algo o para colocar una fuente o una chimenea hay que omitir algunas losas. Las juntas de mortero se pueden llenar de tierra para plantar plantas de suelo.
- Experimente con hileras de piezas pequeñas, como ladrillos o tajones, para crear un efecto óptico y «alargar» la forma del patio en la dirección de las hileras.

Los tablones de madera, por su viabilidad y su relativa ligereza, constituyen el material ideal para el suelo, para los bordes e incluso para revestir un jacuzzi (izquierda) en terrazas y azoteas.

y los reciclados, con sus típicos tonos y acabados rústicos, han de ser resistentes a las heladas para que no se rompan o se descascarillen. Los adoquines de granito o de arenisca son muy duros y resistentes, y tienen un contorno ligeramente redondeado que los hace más apropiados para senderos y bordes que para la zona de estar (los muebles necesitan superficies lisas para conservar su estabilidad).

MADERA

Aunque no resulta tan duradera como la piedra o el ladrillo, una madera de buena calidad bien tratada puede durar muchos años si se realiza un pequeño mantenimiento rutinario. Es relativamente ligera y muy atractiva, armoniza con el entorno y con ella es fácil crear una amplia variedad de formas y hacer diferentes estructuras. La madera se adquiere en tablones largos, lisos o estriados de diferentes anchuras o en «placas» de 1 metro cuadrado.

Las maderas duras, como el roble, la teca, el karri y el iroko, son densas y pesadas. Aunque su precio es elevado, son duraderas por naturaleza, tienen unos intensos tonos muy atractivos que se conservan con facilidad con un tratamiento anual o incluso se pueden dejar sin tratar

Los tablones que se comercializan para el suelo también se pueden utilizar para construir vallas y tabiques y quedan muy bien con la luz del día y con iluminación artificial (izquierda). Algunos tablones tienen un acabado estriado u ondulado para mejorar el drenaje y lograr una superficie más segura (derecha).

para que adquieran una suave pátina plateada. Las maderas blandas más resistentes, como la tuya gigante, responden de la misma forma.

Otras maderas blandas, como el pino y el abeto, son ligeras, fáciles de trabajar y tienen un acabado claro que se suele mejorar cuando se les aplica un tinte natural o con color. Se deterioran fácilmente con el sol y la lluvia a no ser que se traten a presión con un protector, método que permite alargar la duración de la madera de cinco a veinticinco años o más. También se aconseja realizar regularmente pruebas de putrefacción.

Instalación del suelo de madera

Los tablones están clavados o atornillados en un armazón de viguetas de 15 por 5 centímetros, colocados sobre el canto con una separación de unos 38 centímetros. Se apoyan en bloques de hormigón sobre una superficie dura o una base de cemento. Sobre tierra, las viguetas se pueden atornillar o sujetar con pernos a unos postes cuadrados de 10 centímetros, colocados en un bloque de hormigón en el interior de un agujero de 30 centímetros de profundidad y de anchura que después se rellena

Qué madera que hay que adquirir

En muchas partes del mundo, la tala de árboles y el consumo de madera excede a la replantación y, además, la tala indiscriminada de muchos tipos de madera, especialmente de algunas maderas duras tropicales, está haciendo peligrar el suministro de madera a largo plazo. Compruebe que la madera que va a adquirir proviene de bosques sostenibles. Algunos tratamientos con protectores usan productos químicos potencialmente tóxicos, pero también se encuentran alternativas ecológicas.

Guijarros, grava y piedras grandes son los materiales naturales que resultan eficaces como detalles sencillos dentro y alrededor de una estructura principal (izquierda) y también como elementos típicos de un jardín de estilo oriental (derecha).

MATERIALES SUELTOS

Aunque no se recomiendan para el suelo del patio, las piedras tienen un gran potencial decorativo y añaden textura y contraste al utilizarlas como relleno, para hacer dibujos y en los bordes. Los materiales reciclados, como la gravilla de cristal y los gránulos de metal, se pueden extender sobre una red que evite el desarrollo de las malas hierbas y así conseguir pequeñas zonas de color intenso, sobre todo en patios modernos y minimalistas; sobre una capa de mortero o de resina forman un pavimento duro y resistente. Los fragmentos de piedra se pueden encontrar en diferentes tamaños, texturas y colores, desde tonos naturales hasta piedras teñidas con atrevidos y llamativos colores.

Déjese llevar por su instinto creativo y experimente con estos materiales tan versátiles y cree formas y combinaciones que hagan resaltar un rincón o utilice el que más le guste como elemento principal de su diseño. Elija materiales claros para suavizar una zona umbría o un pavimento oscuro. No olvide colocar un borde en la zona donde utilice este tipo de materiales para evitar que se desparramen, y en zonas de intenso tráfico procure que la base sobre la que se han de colocar esté ligeramente hundida.

Tipos de materiales sueltos
Guijarros y adoquines Los guijarros son piedras pequeñas de varios tipos, generalmente lisas y desgastadas por el

de cemento. Las plataformas elevadas o las terrazas se colocan sobre postes verticales similares sujetos con clavos de retranca a unos soportes que se entierran en el suelo. La madera debe haberse tratado a presión con protectores.

El mantenimiento de la madera
- Elija tablones de, como mínimo, 5 centímetros de grosor para evitar que la madera se combe por los cambios de temperatura y de humedad.
- Deje un espacio de 5-10 milímetros entre los tablones, ya que la madera tiende a dilatarse con la lluvia.
- Restriegue los tablones con arena o con un cepillo de alambre para evitar que resbale cuando llueva.
- Selle la madera cada dos o tres años con un protector impermeable para que dure más.

Grava, guijarros y otros materiales sueltos similares son el medio perfecto donde cultivar plantas, aunque puede resultar más fácil caminar si se intercala con algunas losas más sólidas (derecha).

agua; suelen ser planos y quedan bien sueltos, mientras que los adoquines son más redondeados y quedan mejor sobre mortero.

Grava y cantos rodados Fragmentos pequeños de piedra de distintos materiales –bien de colores y minerales mezclados o bien uniformes, generalmente de 0,5-2 centímetros de diámetro. La grava es irregular, mientras que los cantos rodados son más redondeados.

Gravilla y gránulos Son los fragmentos más pequeños y pueden ser de un solo material o de varios; se encuentra en varios tonos, naturales (como en la pizarra) o teñidos.

Cristal y metal Materiales muy innovadores para pavimentar. La grava de cristal es redondeada, pulida y de diferentes colores. Los gránulos de metal son fragmentos reciclados de cobre y aluminio, brillantes y con formas angulosas.

Bordes para los materiales sueltos

Primero tiene que decidir si el borde va a constituir una parte integral del diseño o simplemente algo funcional y discreto. Los diferentes tipos de bordes para el césped, los trozos de pizarra o las tablas tratadas de las vallas colocadas con ganchos son perfectos para bordes sencillos y discretos. En lugares más visibles, utilice ladrillos resistentes a las heladas, decorativas losas de barro,

Cómo adquirir estos materiales

- Aunque en los almacenes de materiales de construcción le pueden calcular la cantidad que necesita a partir de las medidas que les proporcione, es útil tener una idea aproximada de lo que va a necesitar en la fase inicial del proyecto.

- La grava, los adoquines y los guijarros se comercializan por metros cúbicos; un metro cúbico cubre aproximadamente 40 metros cuadrados de 2,5 centímetros de profundidad.

- Los materiales decorativos se comercializan en bolsas de 25 kilogramos, que cubren aproximadamente un metro cuadrado a 2,5 centímetros de profundidad.

adoquines sobre mortero de asiento, traviesas de ferrocarril recicladas o materiales fabricados, como elementos de cemento o láminas de cinc o de aluminio, para conseguir un efecto visual más impactante.

OTROS MATERIALES

En algunas partes del suelo se puede hacer algo especial que amalgame el dibujo, la textura y el color. Esto resulta particularmente eficaz cuando el principal material del suelo tiene un acabado neutro o suave.

El metal es un material brillante y reflectante, frío al pisarlo descalzo, pero versátil y elegante si se utiliza en ciertos detalles o para conferir énfasis al diseño. El cobre al envejecer tiene un brillo suave; el aluminio y el acero inoxidable se mantienen fríos y brillantes, y el acero

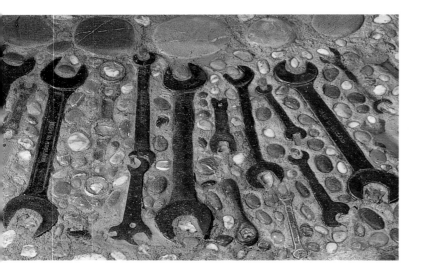

al oxidarse adquiere unos maravillosos tonos otoñales. Utilícelos en tiras o en láminas para crear bordes y contornos; en enrejados sobre el agua o para separar diferentes tipos de plantas sobre una alfombra de diminuto follaje o extienda en una zona pequeños gránulos (*véase* materiales sueltos).

Los mosaicos se pueden realizar con pequeños trozos de casi cualquier material que resista las inclemencias del tiempo, desde trozos de madera tratada utilizada en las tarimas, hasta guijarros, fragmentos de pizarra, pedazos de porcelana o teselas sobre mortero. Se puede inspirar en la

Los componentes de los mosaicos, como los fragmentos de vidrio y de piedra (superior) o los guijarros de diferentes tamaños y colores (inferior), se pueden colocar sobre cemento para lograr una superficie duradera y aportar un bonito motivo a cualquier pavimento.

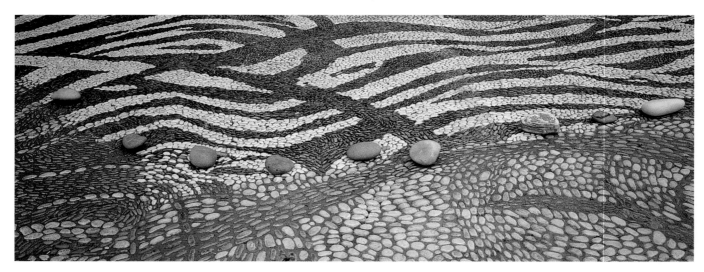

Una sencilla valla de postes y cuerda delimita el espacio, protege y se funde con el resto del jardín.

naturaleza y en las bellas artes y conseguir originales diseños para adornar el suelo del patio con motivos centrales, puntos llamativos o lazos de color e incluso proporcionar un nuevo aspecto a un suelo sin ningún atractivo si lo cubre con un mosaico grande como si de una elaborada alfombra se tratase.

DELIMITACIÓN DEL PATIO

Como espacio claramente independiente, el patio tiene unos bordes definidos –un arriate de flores entre el pavimento y el césped, por ejemplo, o las paredes y los edificios en el caso de un patio cerrado. Estos márgenes constituyen una parte importante del diseño en el aspecto práctico y en el estético y antes de instalar el suelo hay que estudiarlos detenidamente.

Incluso aunque desee que el patio se una imperceptiblemente al resto del jardín, necesitará algún tipo de delimitación permanente para el suelo, especialmente si éste se coloca sobre arena. Alrededor del perímetro del patio se pueden colocar con mortero tiras especiales de piedra o de cemento o ladrillos o también se pueden utilizar tablones de madera tratada, especiales para bordes, clavados o atornillados a resistentes estacas cuadradas de 5 centímetros.

Una delimitación más marcada puede desempeñar un papel más activo a la hora de determinar el carácter del diseño, al crear una fuerte definición visual o añadir

Una delimitación puede constituir una definición simbólica del espacio (izquierda) o una mampara más sólida (derecha) que confiere protección y privacidad al patio.

aspectos extra como protección y privacidad. Los muros pueden construirse con diferentes materiales y pueden ser de distintos tamaños, desde un par de hileras de bloques de hormigón o una pared doble baja llena de tierra y plantas pequeñas, una valla de hasta 2 metros de altura o espalderas para desviar el viento u ocultar algo nada atractivo. Los muros más altos necesitan unos cimientos profundos y, en muchos casos, pilares de refuerzo; sin embargo, las vallas y las espalderas se apoyan en postes macizos y a veces en barandillas de unión.

Considere cuidadosamente cómo quedará el tipo de delimitación que ha elegido para asegurarse de que no le restará mucho espacio del jardín o no tendrá un efecto negativo en su entorno, por ejemplo, excesiva sombra, provocar corrientes o restar importancia a otros elementos.

Entradas y salidas

Los patios elevados y con paredes necesitan algún tipo de acceso para entrar y salir desde el jardín; incluso una estructura diáfana apartada de la casa o un pequeño patio en un rinconcito suelen tener un sendero de acceso. Se trata de una oportunidad para crear algo atrevido o tentador, según el ambiente que quiera conseguir. Unas bonitas macetas pueden flanquear la entrada como si de centinelas se tratasen, o se puede utilizar guijarros o fragmentos de cristal sobre mortero para crear un mosaico en el umbral. Intente utilizar materiales inusuales, y con un poco de

Ideas para delimitar un espacio

- Un muro hueco de escasa altura rematado con un pequeño canal de agua.

- Una baranda de cuerda o de postes –incluso de piedra si se quiere algo más espectacular– para crear una especie de terraza.

- Bloques de hormigón económicos enlucidos con cemento pulido, si se les quiere dar un toque moderno, o encalados para conseguir un efecto más rústico.

- Una pared construida con haces de leña escogida, amontonados, con la parte interior de los troncos hacia fuera para que se vean, y unidos con mortero.

- Un banco de tierra cubierto del césped que se ha sacado del patio, plantado con flores silvestres.

Con los paneles modulares (izquierda) se crean paredes de color que sirven de fondo para las plantas. Incluso la pared de ladrillo más sencilla (derecha) puede convertirse en un elemento activo del diseño cuando se adorna con una espaldera pintada y un espejo estratégicamente colocado como *trompe d'oeil* para que refleje parte del paisaje que se ve a los lejos.

imaginación este importante punto focal se puede convertir en algo especial. Según la altura a la que quede el patio tendrá que colocar uno o dos escalones de acceso que pueden ser de madera, en el caso de que el suelo del patio también lo sea, o de ladrillo u hormigón revestidos de los mismos materiales que haya utilizado para el pavimento. Por comodidad y seguridad, los escalones suelen tener entre 10 y 15 centímetros de altura y la huella ha de tener como mínimo 30 centímetros de anchura. Asegúrese de que los escalones son lo suficientemente anchos (entre 90 y 120 centímetros no es exagerado) y proporcionados con el resto del patio.

Muros ya existentes

Los muros de la casa y del jardín que están cerca de un patio exterior o interior pueden resultar todo un desafío si no se quiere que dominen o ensombrezcan el lugar. Dependiendo de su estilo y de su estado, se deben poder incorporar como una dimensión extra del diseño.

El mero hecho de pintar una pared puede ser suficiente para mejorar su valor visual, especialmente en una zona inulsa o sin sol, en cuyo caso dos o tres capas de cal o pintura blanca para mampostería harán que se refleje más la

luz e incluso añadirán un toque mediterráneo al lugar. Macetas con flores de colores intensos, colgadas o colocadas en estantes, romperán la uniformidad. Si se pinta, se tendrá que volver a pintar de vez en cuando, hecho que puede suponer un trastorno para las plantas que trepan por las paredes, en cuyo caso tal vez sea preferible considerar el acabado natural de la pared como un fondo neutro para las plantas o para estructuras más decorativas.

Los espejos se utilizan a menudo para reflejar la luz y producir la sensación de más espacio, especialmente si se combinan con las propiedades reflectantes de algún detalle con agua instalado cerca. El *trompe l'oleil* o engaño es un método de distorsión de la perspectiva que sugiere mayor tamaño o mayor distancia al pintar o construir una escena falsa, por ejemplo, la vista que se ve a través de una puerta, una ventana o un arco. En unos parterres estrechos o en

abrevaderos en la base de una pared se pueden plantar enredaderas, que embellecerán y salvarán la superficie menos atractiva.

La cubierta del patio

La cubierta más evidente y más apropiada para un patio exterior o interior, aunque algunos no estén de acuerdo, es el cielo, con sus cambios de color y de aspecto. Ahora bien, en pleno verano, el calor del sol puede resultar excesivo y, en caso de lluvia, ésta puede interrumpir una fiesta en cualquier momento, a no ser que exista algún tipo de protección.

Una sombrilla puede proporcionar suficiente sombra y cobijo, aunque también se puede extender una cubierta de lona, como si se tratara de una tienda de los pueblos nómadas, sujeta con cuerdas a los árboles o a unos enganches en la pared.

Una zona de estar al aire libre no tiene por qué fundirse discretamente con el jardín que la rodea y además se le puede dar más énfasis por medio de estructuras originales (izquierda) o colores intensos (derecha).

Otras soluciones más permanentes podrían consistir en un toldo replegable instalado en una pared alta; una pérgola o un cenador adornados con plantas trepadoras que proporcionen una ligera sombra (y con luz para poder permanecer por las noches), una pequeña estructura o una pérgola sobre un asiento individual, cubierta con plantas para dar sombra o con algún material que proteja de la lluvia, como paja o tejas.

EL COLOR

Las plantas con flor constituían tradicionalmente la principal fuente de color de un jardín; sin embargo, los paisajistas contemporáneos han roto con esta tradición y ahora existen multitud de pinturas, tintes y acabados para exteriores para decorar cualquier superficie y transformar el acabado de las

La gama de colores del patio

- Azul: relajante y curativo, combina con el verde del follaje.

- Dorado: proporciona un toque exótico, especialmente en jardines de estilo oriental.

- Blanco: un acabado brillante, perfecto para reflejar la luz y mitigar la oscuridad.

- Gris: tranquilizante y refrescante y, además, hace resaltar los colores de las flores.

- Verde oscuro: intenso y formal, resulta un buen complemento para otros tonos.

- Amarillo: cálido y reconfortante, pero necesita una adecuada luz solar.

- Rojo: alegre, imperioso o suntuoso –utilícelo con prudencia.

Existe una amplia gama de pinturas que resultan resistentes a las inclemencias del tiempo, susceptibles de utilizarse en el exterior; puede escoger una pintura que se funda con el resto del jardín (centro) o que contraste de manera evidente (derecha).

La luz artificial, tanto si se utiliza para iluminar este panel decorativo (izquierda) o los tallos de estas plantas (derecha), constituye, con su juego de sombras y siluetas, un dinámico accesorio para crear determinado ambiente y conferir un toque de dramatismo.

estructuras construidas. Pero hay que saber utilizarlos: las zonas pintadas en colores primarios pueden resultar estimulantes en un diseño sencillo o minimalista, pero pueden llegar a dominar el jardín y su contenido. Muchas veces resulta más efectivo limitarse a tonos más suaves –los diferentes verdes de las hojas de las plantas y los tonos naturales de la piedra, el ladrillo y la madera, por ejemplo– y dejar que sean los muebles, los tiestos y los pequeños detalles decorativos, como esculturas o

incrustaciones de metal o de canicas de cristal, los que aporten los toques de colores intensos.

LA ILUMINACIÓN

La inclusión de iluminación artificial en la decoración del patio puede alterar totalmente su carácter, al mismo tiempo que permite disfrutar de las horas posteriores al atardecer, además de proporcionar un toque mágico o teatral al espacio. La iluminación puede ser tan básica o elaborada como desee, desde una serie de velas que floten en un recipiente lleno de agua hasta una cuidadosa secuencia de fibra óptica. Sea comedido: los mejores efectos de iluminación son sutiles y discretos, ya que un exceso de luz puede restar encanto e intimidad a las veladas que se disfrutan en el patio. Es importante distinguir las dos principales funciones de la iluminación exterior.

Iluminación primaria Este tipo de iluminación resulta básicamente funcional y se instala por seguridad o comodidad. Puede consistir en focos que iluminen zonas amplias con una luz intensa y que se pueden encender por medio de un sensor cuando alguien entra en el recinto, o se pueden instalar luces direccionales para lugares concretos, como escalones, una barbacoa o una esquina. Las antorchas solares almacenan energía durante el día para iluminar senderos o los bordes de un patio cuando oscurece.

Iluminación secundaria Este tipo de iluminación se utiliza como elemento estético, para crear ambientes, misterio o para realizar juegos de luces y sombras. Los focos debajo del agua o detrás de las plantas son una forma sencilla de

La plataforma de madera facilita el acceso y constituye el marco apropiado para colocar un jacuzzi que, a la vez, sirve de piscina.

conseguir estos efectos; los elementos de fibra óptica se pueden instalar en el suelo del patio, en los árboles o en las espalderas para conferir un toque de brillo y color.

EL AGUA

El agua es un elemento activo y decorativo en el jardín. Según su utilización en el diseño, puede resultar un elemento inquietante, luminoso o llenar el aire de frescor y sonido. Los jardineros con imaginación han delimitado un patio con un foso poco profundo, como si de una isla se tratase; han incluido canales de agua ondulante que cruzan la superficie o que coronan un muro; han construido plataformas sobre tranquilos estanques e incluso han canalizado el agua de la lluvia para que cayese sobre pilas rebosantes de agua. El agua es una fuerza de la vida que puede animar la escena del patio de muchas formas especiales.

Planifique cualquier detalle con agua al principio porque quizá necesite una instalación eléctrica, si quisiese instalar una bomba de agua, o quizás tenga que dejar espacio para colocar contenedores a un nivel más bajo, por ejemplo, la mitad de un barril para construir o separar los cimientos para instalar un jacuzzi.

El agua se puede incluir en el diseño como punto focal, como, por ejemplo, en esta fuente constituida por una sencilla esfera de piedra (izquierda) o un canalillo de piedra más elaborado (derecha), que añade sonido, movimiento y juego de luces al patio.

Opciones

Agua en calma Incluso un estanque diminuto puede reflejar el cielo, brillar con la luz y refrescar el aire al evaporarse, detalles todos ellos que aportan carácter al patio. Coloque cuencos sobre las mesas y sobre otras superficies para utilizarlos como pilas para los pájaros y para poner velas flotantes y flores. Entre las plantas, o quizá elevados sobre muros a la altura de la rodilla, los estanques poco profundos, así como los cuencos, reflejan el follaje e intensifican el perfume de las flores. Con un recipiente prefabricado o una hondonada revestida de mortero y piedras es posible construir un estanque de gran tamaño que actúe como punto focal o pequeño paraíso de la naturaleza en un rincón lleno de plantas.

Agua que fluye Con la instalación de una bomba en la superficie o sumergida se puede hacer fluir el agua desde un depósito a través de mecanismos como una fuente, un chorro de agua que cae sobre piedras o una rueda de molino, o a lo largo de un pequeño arroyo canalizado que cruce el patio y desemboque en un estanque. No es necesario utilizar demasiada agua, simplemente una pequeña cantidad de agua que fluya y añada sonido, al mismo tiempo que confiere más vida al entorno.

Agua que cae Si desea un espectáculo más intenso, oculte el canal de agua bajo unas rocas o detrás de las plantas y haga que desemboque a cierta altura y fluya por un canalillo o se escurra por una placa en la pared o caiga en cascada a una serie de pilas o a un estanque. No tiene por qué tratarse de un torrente, ya que incluso una ligera corriente caerá alegremente por un caño de bambú, por unas cadenas colgadas o sobre un espejo y creará un efecto impresionante.

EL MOBILIARIO

Para aprovechar al máximo el patio y poder disfrutar de él, elija un mobiliario de acuerdo con su estilo y con sus necesidades. Quizás desee un lugar donde relajarse y descansar o un lugar para recibir. Recuerde que todos los muebles deben ser impermeables y de fácil mantenimiento, excepto en el caso de que los pueda poner a cubierto para que no se mojen con la lluvia y se estropeen con las heladas.

Datos que hay que tener en cuenta con respecto al mobiliario

Considere cuántas personas van a sentarse y cuánto espacio es necesario para colocar un mobiliario permanente.

Las mesas y las sillas pueden ser ligeras y plegables, para poder cambiarlas de sitio, o ser pesadas y fijas, e incluso que sirvan para almacenar cosas.

Los asientos permanentes es preferible colocarlos donde exista una vista agradable, si es posible con sombra al mediodía, pero con el sol del amanecer y del atardecer para poder disfrutar de momentos más tranquilos.

El mobiliario para el jardín, siempre que sea resistente a las inclemencias del tiempo y fácil de mantener, es una cuestión de elección personal y hay de todos los estilos, desde sencillos muebles de sólida madera (izquierda), adecuados para un marco rústico, hasta elegantes muebles de metal que recuerdan a los de las terrazas de los cafés (inferior).

Es probable que tenga que realizar cuidadosamente una selección para distinguir entre los muebles apropiados para cenas formales (izquierda) y los modelos más adecuados para actividades más hogareñas, como cenas familiares o siestas a primera hora de la tarde (derecha).

Asegúrese de que los muebles, especialmente los más ligeros, sean estables y que el pavimento esté bien nivelado para colocarlos sin peligro.

Deje bastante espacio libre para que la gente se pueda mover cómodamente, especialmente si tiene macetas y otros accesorios, como sombrillas, estufas y lámparas.

Considere diferentes soluciones: mesas y asientos construidos en la pared; cojines esparcidos, pufs y sillones hinchables, que son muy útiles cuando se necesitan más asientos, o una hamaca, probablemente la solución más atractiva.

Materiales

Madera La madera es el material más discreto; resulta cálida, natural y acogedora y se puede utilizar en diferentes estilos. Al igual que las maderas para pavimentos, las maderas duras y las blandas tienen distinto precio, calidad y duración. Todas se pueden teñir o pintar, sellar o dejar que se desgasten de forma natural con la lluvia y el frío.

Metal El metal es resistente, muy duradero y en muchas ocasiones económico. Con un acabado coloreado o pulido puede resultar frío y moderno o pesado y tradicional si, por ejemplo, se utiliza un elaborado hierro forjado pintado en negro.

Mimbre El mimbre, junto con materiales similares como el bambú, el sauce y el avellano, es elegante y resistente, con un aire que recuerda a tiempos pasados y a lugares lejanos. Es ligero y duradero, especialmente si se trata regularmente contra la putrefacción y los escarabajos de la madera.

Plástico El plástico es económico y simple, pero también puede ser el material más cómodo, duradero y resistente a los rayos ultravioleta. La mayoría de los muebles de plástico se pueden mover fácilmente, se pueden aplicar uno encima del otro y dejar al aire libre durante todo el año.

CALEFACCIÓN Y BARBACOAS

En los climas fríos, la temporada para sentarse cómodamente al aire libre puede resultar bastante decepcionante por su brevedad; sin embargo, existen distintos métodos de calefacción que permiten mantener el frío alejado en la medida de lo posible.

Las estufas de gas, aunque son voluminosas y tienen un precio elevado, iluminan por encima de la cabeza y calientan una zona bastante amplia. Una solución más elegante es la chimenea de metal o de cerámica, típica de México, y en la que se puede quemar leña o carbón para conseguir un fuego muy agradable que calienta y, a la vez, sirve para cocinar.

Los braseros de metal constituyen la versión moderna del típico brasero. Un calentador de ladrillo o de mortero hundido en la tierra ofrece la calidez y el romanticismo propio de una hoguera combinado con la seguridad y la posibilidad (si se le coloca una parrilla) de asar al aire libre como si se tratara de una barbacoa.

Incluir el espacio para instalar una barbacoa permanente o de temporada, como esta barbacoa elegante y moderna (derecha), completará los preparativos para poder cenar al aire libre.

BARBACOAS

Por comodidad y facilidad, la barbacoa es el método más eficaz para cocinar al aire libre. Existen varios tipos:

Desechables Consisten en una bandeja de aluminio llena de carbón, tapada, con una rejilla de metal.

Portátiles Son barbacoas con ruedas o plegables. Se pueden guardar cuando no se necesitan.

Permanentes Son las barbacoas construidas con ladrillo o piedra, con un horno sólido y una parrilla o asador.

Medidas de seguridad con el fuego

- Las llamas y el humo son peligrosos; resguarde el fuego del viento y mantenga a los niños, los materiales inflamables y los utensilios para encender lejos del fuego.

- El humo y el olor a comida resultan molestos: cocine al aire libre los días sin viento o coloque la barbacoa en un lugar que no moleste a los vecinos.

- Cerca del fuego, lleve la ropa adecuada, tenga cerca algo para apagarlo, como agua y arena, y, cuando acabe, asegúrese de que el fuego esté apagado.

3

PLANTAS
en el
PATIO

Como cualquier jardinero sabe, las plantas son
una alegría por derecho propio. En el marco
geométrico de bordes sólidos del patio interior
o exterior, las plantas no sólo aportan color y
variedad, sino que, como elemento adaptable
y dinámico, pueden contribuir a la vitalidad
de su proyecto. Con una elección y una
colocación adecuadas, con unas pocas plantas
elegidas, puede lograr altura, textura y la
posibilidad de disfrutar de los cambios de
estación y, en el caso de decidirse por una
plantación más abundante, puede transformar
totalmente el ambiente de un espacio que,
de otra manera, hubiese sido muy simple.

TIPOS DE PLANTAS

Aunque las plantas pueden, para la mayoría de las personas, constituir un jardín, un patio no depende de ellas para quedar bien. Una agradable composición de líneas elegantes y de materiales atractivos, especialmente en un entorno urbano de tejados, muros y edificios, puede ser suficiente, o simplemente requerir unas cuantas plantas excepcionales para conferir un toque especial.

Las plantas son algo más que un simple accesorio; pueden, por ejemplo, desviar la dirección del viento, proporcionar privacidad, filtrar los ardientes rayos del sol y refrescar o perfumar el aire. Son especialmente adecuadas para mejorar la calidad del aire en los jardines urbanos, ya que sus hojas retienen el 85 % de los gases y las partículas que después la lluvia transporta hasta la tierra. Las enredaderas y los arbustos trepadores pueden proteger las paredes de los patios y aislar los muros de la casa del frío o del calor extremos.

Plantas que toleran la contaminación

Entre las plantas que crecen con facilidad y que toleran la contaminación urbana se encuentran las budleyas, las caléndulas, los cotoneasters, las malvas reales, las malvarrosas, los arces, los naranjos amargos, las olearias, los geranios, las vincas, las petunias, las robinias, las saxífragas, los lilos, los tulipanes y los viburnos.

Las plantas se añaden al ámbito del patio de formas muy diferentes: se pueden poner plantas del mismo tipo, como la buganvilla en flor, a la que tanto le gusta el sol y el calor (izquierda), y la perfumada lavanda (*Lavandula stoechas*, derecha) o plantar gran variedad de exuberantes plantas vivaces y anuales (páginas anteriores).

Una de las cualidades menos evidentes de las plantas es su habilidad para imbuir cualquier estructura construida en un contexto de cambio y de ciclos naturales. Un patio exterior o interior desnudo tiene el mismo aspecto en cualquier época del año; sin embargo, con las plantas, se aprecia el cambio de las estaciones. Un patio puede resultar llamativo, pero no tiene por qué ser estéril.

Cómo crear pequeños cuadros

Si acaba de construir un pequeño patio, eche un último vistazo a la obra final antes de elegir las plantas y recuerde sus primeras ideas sobre la plantación (*véase* capítulo 1), ya que es probable que ahora cambien, puesto que es posible ver el patio terminado y cómo se relaciona con el entorno. Quizás desee reconsiderar esas ideas preliminares, estudiar nuevas opciones y revisar la lista de plantas, en caso de que la hubiese realizado, para estructurar el tamaño y el estilo del patio.

Tanto si decide plantar unas cuantas plantas para que confieran un toque de estilo, como si opta por cubrir con suntuosas plantas zonas enteras del patio, la gama que puede elegir quizás le resulte excesiva y el espacio del que dispone, excesivamente pequeño, pero cualquier problema puede acabar siendo una ventaja.

Es conveniente decidir al principio, cuando se está preparando el proyecto, qué plantas se van a poner en macetas (izquierda) y cuáles se van a plantar en los parterres del patio (derecha). Esta última opción suele ser la más acertada para las plantas mayores y de gran crecimiento.

Céntrese en lo que quiere conseguir En un espacio reducido cualquier planta debe desarrollarse bien para incluirla. En lugar de plantar en colonias y en grupos, intente elegir plantas con cualidades especiales y obsérvelas bien durante las diferentes estaciones. Si siguen pareciéndole especiales, consérvelas, pero si le han decepcionado o ya no le parecen especiales, sustitúyalas.

Integre las plantas verticalmente Los sistemas naturales como los bosques suelen estar formados por tres estratos: un estrato superior de árboles, un estrato medio de arbustos y un estrato a nivel del suelo de plantas herbáceas. Esta disposición equilibra las diferentes necesidades, distribuye los recursos y maximiza la diversidad de plantas en una zona determinada.

Identifique las similitudes Aunque el caos aparentemente natural del jardín de una villa tiene su encanto, es más fácil en un jardín diáfano que en un patio pequeño, donde suele resultar más práctico organizar las plantas según sus necesidades. Ubique las plantas que necesitan sol en la zona más soleada y, por debajo, plante plantas de sombra, que también pueden colocarse en la zona más umbría del patio. Reúna las plantas que no se desarrollan adecuadamente en las tierras muy alcalinas en un parterre especial o en una maceta grande con el compost

La calidez y el adecuado drenaje de un patio delimitado y con un suelo de grava ofrece un entorno protegido, perfecto para este precioso conjunto de cultivares de linos de Nueva Zelanda (*Phormium*).

adecuado y ubique las plantas muy delicadas todas juntas para que tengan la protección necesaria.

No olvide la poda Con la excepción de las plantas estructurales, ahorre espacio y pode regularmente la parte superior de las plantas y divida las vivaces que se van ensanchando con el tiempo. Ubique las plantas de rápido crecimiento en macetas, ya que al no tener las raíces tanto espacio y al cortarlas o separarlas cuando se cambian de tiesto se limita el crecimiento. La poda de formación anual limita el crecimiento de la mayoría de los arbustos y de las matas, mientras que algunos árboles y arbustos se benefician de podas drásticas o talas regulares (*véase* recuadro).

Plantas que se pueden podar drásticamente

El desmochado consiste en podar árboles y arbustos de forma regular casi a ras de suelo. Esta técnica controla el tamaño, rejuvenece el crecimiento y muchas veces mejora sus cualidades especiales –las plantas con tallos coloreados y con un follaje decorativo responden especialmente bien. Puede alternar esta técnica con dos especímenes de la misma variedad para que siempre haya alguno sin podar. Entre las plantas que se pueden podar en años alternos hasta aproximadamente 15 centímetros de altura se encuentran *Buddeja davidii*, las formas coloreadas de *Comus alba* y de *Salix alba*, los eucaliptos (especialmente *Eucalyptus gunii*), el avellano púrpura y el avellano mágico, el saúco, el zumaque y el ailanto.

RESPETAR EL MICROCLIMA DEL PATIO

El microclima especial de un patio constituye una mezcla de influencias medioambientales –la sombra de los árboles, por ejemplo, el aire que queda atrapado entre los edificios que rodean al patio o el efecto de lluvia y sombra de os muros elevados– y de las condiciones que proporciona la misma estructura, por ejemplo, el calor que refleja el suelo y la elevada humedad de las fuentes, así como otros detalles con agua o de la humedad ambiente.

Algunas de estas condiciones se pueden modificar (*véase* el capítulo 1), aunque también se pueden elegir plantas que se amolden a la situación. Las plantas se han adaptado a casi todos los hábitats del mundo, de manera que no es difícil realizar una selección de candidatas que se desarrollan bien en el microclima de su patio. En general, el clima del patio suele beneficiar a las plantas.

Plantas para patios secos y con elevadas temperaturas

- Plantas suculentas (como aloe, cola de burro, *Sempervivum* y yuca).

- Plantas con hojas grises o plateadas (artemisa, jaras, eringio, lavanda).

- Plantas aromáticas (orégano, romero, salvia y tomillo).

- Plantas de verano (cosmos, dalia, osteospermum, tagetes).

- Bulbos (agapanto, eucomis, gladiolos, nerines).

- Frutales que precisan mucho sol (higueras, vides, nísperos, kiwis).

Una temperatura más elevada, la protección y la humedad favorecen el crecimiento; además, las variaciones de luz y sombra, especialmente en los patios cerrados, permiten una mayor elección de plantas que en el caso de un jardín abierto. El principal objetivo es encontrar plantas que se ajusten a las condiciones imperantes.

Sol y sombra

Probablemente, el factor que más influye en el crecimiento sea la cantidad de luz y de sombra a la que están expuestas las plantas. Por un lado, el patio abierto se encuentra ligado íntimamente a la parte más soleada de la casa, donde las plantas pueden deleitarse con el calor adicional y el sol directo –condiciones que favorecen a muchas variedades jaspeadas y menos resistentes, a

La adecuada combinación de agua, terracota, paredes ocres, hojas de formas diversas y diferentes tonos de verde han transformado este soleado patio en un rincón mediterráneo.

suculentas y a delicadas plantas de arriate para el verano. Por otro lado, se encuentra el patio cerrado y hundido, que mantiene el aire fresco y donde el sol sólo penetra algunas horas del día. En este caso se desarrollarán bien los helechos, las plantas de flor y los bulbos de los bosques, así como un gran número de plantas herbáceas y, si se le quiere conferir un toque de selva tropical, también las plantas exóticas de hojas grandes.

Cómo manipular la sombra

Muchas plantas (y algunos jardineros) no pueden soportar el calor del sol continuado y se marchitan, aunque siempre existen formas de mitigar la exposición al sol y de este modo aumentar la selección de plantas que se pueden elegir.

Los árboles de reducido tamaño por naturaleza, como el cerezo, el abedul, el cornejo, el arce y el serbal, son de hoja caduca o se pueden podar o emparrar para que proporcionen una sombra moteada durante el período de crecimiento. Crecen muy bien y muy saludables durante muchos años si se plantan en macetas grandes y, por debajo, se pueden colocar plantas de sombra.

Las trepadoras en emparrados, espalderas y armazones altos se pueden utilizar para sombrear ligeramente durante las horas más calurosas. Si elige especies caducifolias, como la mayoría de las clematis y las pasionarias, o trepadoras anuales, como *Cobaea scandens,* los guisantes de olor y las judías verdes, no perderá luz durante los

meses invernales cuando haya caído el follaje. En los lugares donde hay demasiada sombra –más de medio día sin sol puede limitar seriamente su gama de plantas–, se puede conseguir más luz utilizando superficies reflectantes como espejos o zonas de agua calma, paredes pintadas o materiales claros y brillantes como la piedra caliza triturada o los fragmentos de cristal extendidos en el suelo, así como con la poda selectiva.

La poda estival (que no estimula el crecimiento) puede reducir el follaje de la planta y aclarar la sombra que ésta proporciona; también se pueden podar las ramas más bajas de las coníferas y de los arbustos densos para que tengan troncos desnudos y dejen pasar más luz lateral.

PLANTAS ESTRUCTURALES

Los dos estratos superiores de las comunidades vegetales –los estratos de árboles y arbustos– confieren a la composición una estructura permanente. Los árboles proporcionan sombra, altura y refugio, ocultan o enmarcan las vistas y añaden forma y diseño al techo del patio. Los arbustos confieren color y textura al nivel de la vista o más abajo y definen o dividen los espacios, además de hacer masa o servir de fondo para las plantas herbáceas.

Los árboles y arbustos de hoja perenne pueden ser fundamentales en invierno, cuando las otras plantas se quedan sin hojas (*véase* recuadro pág. 82).

Probablemente tendrá espacio solamente para uno o dos árboles y una selección limitada de arbustos, de modo que tendrán que servirle durante todo el año. Las lilas, por ejemplo, son preciosas durante algunas semanas en primavera, cuando están adornadas de fragantes flores,

Plantas de sombra

- Para sombra húmeda: camelias, arces japoneses, dafnes, fatsias y hortensias (arbustos); hostas, dicentras, sellos de Salomón, prímulas, lirios del valle, y numerosos helechos (vivaces); begonias, impatiens, mímulos y jacintos silvestres (anuales y bulbos).

- Para sombra seca: berberis, avellanos, evónimos, esquimias y saúcos (arbustos); acantos, bergenias, eléboros, pulmonarias y lechetreznas (perennes); alliums, crocus, campanillas de invierno, cóleos, fucsias y muchas gramíneas anuales (anuales y bulbos).

Los arbustos y las trepadoras, como las hortensias (izquierda) y las rosas perfumadas (derecha), constituyen los componentes clave para lograr altura y una plantación permanente.

pero el resto del año no resultan nada atractivas; sin embargo, *Cornus alba* «Elegantíssima» resulta ideal durante todo el año, con su follaje de color crema y verde, y sus grandes inflorescencias blancas en verano, seguidas de bayas blanco azulado y de hojas de colores intensos en otoño.

El follaje variegado u ornamental resulta especialmente colorido (muchas veces acentuado por una poda drástica), del mismo modo que las hojas en otoño, particularmente en patios con sol, donde la combinación entre días otoñales soleados y noches frías puede dar lugar a un cuadro espectacular. Las especies de hoja caduca con tallos coloreados y brotes tiernos o ramas enigmáticamente

retorcidas resultan ideales incluso cuando no tienen hojas. Y no olvide los árboles y arbustos frutales, preciosos cuando están en flor y, además, producen fruta.

Las principales plantas que hay que considerar
- Plantas de corteza y tallos coloreados: abedules, cornejos, eucaliptos, *Fraxinus excelsior* «Jaspidea», arces, *Prunus cerasifera,* sauces.
- Plantas de follaje jaspeado: cultivos de arces, budleyas, ceanotos, cornejos, cotoneasters, acebos, celindos, piracantas, saúcos, viburnos y weigela.

El patio es el escenario ideal para colocar macetas con artísticos arbustos podados en topiaria y árboles entrelazados (izquierda) o para plasmar conceptos increíbles como estos muebles vivos (derecha).

- Plantas con estructura de ramas: *Buddleja alternifolia,* avellano tortuoso y sauce llorón (*Corylus avellana* «Contorta» y *Salix babilonica* var. *pekinensis* «Tortuosa»), pequeños sauces como *Salix caprea* «Kilmarnock».
- Plantas perfumadas en invierno: macasar, corilopsis, dafne, hamamelis, *Lonicera fragrantissima, Mahonia japonica, Viburnum carlesii.*

MUROS VERDES

Las trepadoras son plantas indispensables en un patio: ocupan muy poco espacio en el suelo y rápidamente cubren grandes áreas de paredes o de mamparas con bonitas hojas que pueden adornar un buen diseño u ocultar alguna imperfección. Amplían la zona cultivada, filtran el polvo, amortiguan el ruido y mejoran el clima del patio al desprender vapor fresco en el aire.

Algunas trepadoras se sustentan solas, mientras que otras deben guiarse para que mantengan los tallos en su sitio y que vayan ganando altura.

Plantas de hoja perenne

- Los arbustos y los árboles perennes, así como las coníferas, pueden mejorar la plantación de cualquier patio, ya que confieren permanencia y continuidad durante los cambios estacionales del resto de plantas. Pero no son inalterables y muchos producen bonitas flores o bayas. Incluso la conífera más oscura adquiere un aire alegre cuando está sana, sobre todo cuando empieza a brotar el nuevo follaje de bonitos colores.

- Algunas de las perennes más pequeñas que se pueden plantar en macetas o en parterres son eucaliptos, acebos jaspeados, mirtos, pitosporos (árboles); eleagnos, hebes, laureles, olearias (arbustos); criptomerias, *Juniperus horizontalis*, cultivares de *Pinus mugo*, *Taxus baccatta* «Standishii» (coníferas).

Los muros de un patio constituyen un terreno adicional para la plantación que invitan a emplearlos a modo de telón de fondo en una composición a base de arbustos (izquierda) o como soporte de trepadoras o incluso como lienzo de un *trompe l'oeil* (derecha).

Cubrir los muros de un patio con enredaderas de flor ayuda a refrescar el aire durante los cálidos días estivales y, al mismo tiempo, permite que los pájaros del jardín aniden en ellas.

La hiedra común, la hiedra de Boston y la parra virgen utilizan raíces aéreas para sustentarse en cualquier superficie rugosa.

La clemátide, la parra y la glicina tienen tallos en espiral o zarcillos que necesitan una rejilla o cuerdas sujetas a la pared.

Los arbustos de pared, como el rosal trepador, el jazmín de invierno y el membrillo de flor, tienen tallos más erectos que se tienen que sujetar en la tela metálica o en la espaldera de madera atornilladas a la pared.

Siempre hay que dejar 5-8 centímetros de espacio entre la pared y el soporte de la enredadera para que circule el aire y de este modo evitar la humedad y las enfermedades.

ESTILOS Y AMBIENTES

Las plantas herbáceas (la capa del suelo de los tres estratos de plantación) conforman el grupo más amplio y adaptable de la serie de plantas. Se pueden utilizar para crear una versión en miniatura de su estilo de jardín preferido –formal o informal, silvestre o antiguo– y, del mismo modo, como gama cromática decorativa para crear un ambiente particular en el patio.

Sugerencias

- Considere la posibilidad de plantar directamente en las juntas del muro del jardín plantas como el alhelíes, helechos, lewisias, las colas de burro (*Sedum*) y picardías (*Cymbalaria muralis*). Coloque plantas jóvenes con piedras o barro en los huecos de la pared o introduzca semillas mezcladas con compost húmedo.

- Combine las plantas según la orientación. Para los muros ligeramente soleados, elija trepadoras de hoja caduca, como clemátides, rosas trepadoras, jazmines y enredaderas de trompeta (*Campsis*); en muros fríos y a la sombra, utilice plantas de hoja perenne y trepadoras autóctonas como hiedras, hortensias trepadoras, madreselvas y piracantas.

- Las trepadoras son algunas de las plantas preferidas de algunos pájaros –carrizos, petirrojos, tordos y mirlos– para anidar y buscar alimento. Las mejores son las especies autóctonas –lúpulos, hierba de los mendigos (*Clematis vitalba*)– y las que tienen bayas, como *Cotoneaster* y la madreselva silvestre (*Lonicera periclymenum*).

- Muchos árboles frutales se pueden emparrar con facilidad en espalderas en la pared o con soportes independientes. Los frutales producen flores y fruta, néctar para las abejas y otros insectos y constituyen un lugar seguro para que los pájaros aniden. Se pueden emparrar manzanos, perales, cerezos, membrilleros, zarzamoras, groselleros (de grosella roja y blanca), albaricoqueros y melocotoneros, higueras y vides.

El color

Utilizar las plantas como fuente de color constituye una forma establecida de manipular la sensación que provoca un entorno duro, generalmente angular, de muros y pavimento –por ejemplo, las plantas blancas y plateadas resultan refrescantes en verano, especialmente en patios cálidos; sin embargo, en invierno pueden resultar particularmente frías. Comparadas con la pintura permanente o con la decoración de la estructura, las plantas resultan más fáciles de elegir, combinar o reemplazar y cambiar con las estaciones.

Verdes Los tonos suaves y serenos son perfectos para patios tranquilos y con sombra. Lo que resulta impactante de las plantas verdes es su follaje, que puede añadir contraste y forma, especialmente iluminado por la noche. Pruebe con unas llamativas hostas, un ligero hinojo y unos arums, salpicados con flores como las variedades verdes de lechetreznas, nicotiana y zinia.

Plateado y blanco Son colores fríos y neutros que brillan en una sombra moteada y por la noche, pero que pueden resultar descoloridos en un día luminoso e incluso deslumbrar con la luz intensa del sol. Las formas matizadas blancas de hostas, gramíneas y coníferas pueden servir de base de un grupo de plantas, del mismo modo que los bulbos primaverales de flores blancas, azucenas, rosas y dalias (todas son buenas para plantarlas en maceta).

Tonos pastel Frescos y relajantes sin la austeridad del blanco o del verde y con gran variedad de tonos sutilmente diferentes para mezclarlos y atenuar el sol de pleno verano. El azul, el rosa y el lavanda son relajantes; los amarillos

Una exhibición tenue y relajada de plantas de hoja perenne, más agradable si cabe porque se ha realizado en un entorno de prístinas paredes blancas y pavimento de losas de barro.

claros y los cremas, agradables y suaves. Utilice plantas de hojas grandes y trepadoras para crear un fondo y compleméntelas con variedades en tonos pastel de herbáceas vivaces y de temporada.

Colores cálidos Pleno sol y, muchas veces, elevadas temperaturas son esenciales para que los rojos, los naranjas, los amarillos vivos y los intensos púrpuras funcionen bien. Estos colores confieren calidez y alegría al patio y ofrecen un marco animado para recibir a los amigos, marco que muchas veces se sigue utilizando en otoño, cuando las flores veraniegas se mezclan con las hojas otoñales de los árboles y los arbustos. Los colores más vivos se pueden conseguir con las plantas de temporada para macetas, cestas y arriates soleados.

La composición marcadamente geométrica de cantos rodados y estructuras angulares se acentúa con la colección de fornios, con su explosión de follaje perenne de formas lineales.

Plantas exóticas

El patio, con la protección y la calidez que implica, puede constituir el marco ideal para cultivar plantas de climas cálidos que, probablemente, no sobrevivan o no se desarrollen bien en un jardín abierto. Si estas plantas se combinan con otras resistentes a las heladas, tan llamativas como ellas, ya se tienen todos los ingredientes necesarios para conseguir un paraíso tropical. Plante las especies menos resistentes a las heladas en macetas, para poder ponerlas a cubierto en invierno, o proteja los tallos y el follaje más vulnerable con algún material cálido o con plástico con burbujas para aislarlas.

Entre las plantas resistentes a las heladas que combinan bien con las tropicales se encuentran muchos tipos de bambú, la exuberante *Fatsia japonica,* palmeras como *Trachycarpus fortunei, Cordyline australis* y de fondo *Drymis winteri,* un árbol de hoja perenne. Añada plantas más delicadas, como olivos, adelfas, limoneros, plumbagináceas, ave del paraíso (*Strelitzia*) y la platanera *Musa basjoo,* que no es demasiado resistente al frío. Las plantas de interior, como la aspidistra, la maranta, los ficus y las bromeliáceas, se desarrollan bien si pasan el verano en el exterior, ya que mejoran tanto su color como su textura.

Los guijarros y las rocas (izquierda) se pueden colocar para que formen un marco silvestre, y las juntas entre las losas del suelo se pueden rellenar de arena o de tierra para conseguir nichos para plantar (centro). En ambos casos, las plantas se extienden con rapidez y se reproducen solas y, al mismo tiempo consiguen que el patio adquiera un aspecto natural y asentado.

Más estilos

- Oriental: muchas piedras, madera, agua y otros materiales naturales con una selección limitada de plantas, como pinos enanos, arces japoneses, rododendros y árboles de Katsura sobre una alfombra de musgo. Se trata de un estilo muy apropiado para patios con suelo de madera o con grava.

- Formal: parterres simétricos y disposición de las macetas en formas geométricas bien marcadas. El equilibrio y el orden son importantes, junto con plantas muy cuidadas como los setos en topiaria, trepadoras de hoja perenne recortadas y un número limitado de plantas con flores no demasiado abundantes. Este estilo resulta perfecto para conseguir un efecto de plaza en la zona de estar y en los patios situados en el jardín frontal.

- Silvestre: estilo informal y relajado en el que el contorno del patio se suaviza y oculta con una plantación profusa que proporciona cobijo a los nidos, y produce bayas y flores fuera de temporada que sirven de alimento; resulta ideal un estanque que atraiga a los insectos y a animales acuáticos y asientos escondidos para que pueda observar a los visitantes silvestres.

Las vides (izquierda) y las higueras, que muchas veces se plantan juntas, se suelen emparrar en una estructura alta y crean una agradable sombra para poder sentarse al mediodía.

PRODUCTOS DEL PATIO

Para cultivar sus propias frutas y verduras no se necesita demasiado terreno y existe gran variedad de lechugas, plantas aromáticas, hortalizas y frutas que se pueden cultivar en un huerto en el patio sin estropear su aspecto. La mayoría se pueden cultivar en macetas y en parterres elevados, y algunas incluso en cestas colgantes y en jardineras. Las plantas se pueden colocar de forma tradicional, en hileras y en grupos, o se pueden realizar combinaciones imaginativas con plantas de flor. Los productos de la cosecha serán frescos, sabrosos y estarán a mano.

Los parterres al nivel del suelo dentro del patio o rodeándolo se pueden utilizar para plantar cosechas prácticas, como patatas tempranas o chirivías y hortalizas decorativas, como acelgas, col rizada y alcachofas.

Las judías verdes, los pepinos japoneses y las calabazas son atractivas plantas trepadoras que se pueden emparrar en estructuras piramidales, arcos o espalderas, quizá combinadas con guisantes de olor por su perfume.

Plante las lechugas y las aromáticas cerca de la mesa, de la barbacoa o de la puerta trasera para poder recolectarlas en el último momento y que no pierdan sus cualidades; añada berros y caléndulas por su colorido, así como por sus flores comestibles.

Cultive los árboles frutales emparrados en espacios reducidos para que su producción sea menor. El grosellero, el grosellero rojo y muchos árboles frutales se pueden emparrar en espalderas, en abanico, en cuerdas en la pared y en enrejados y debajo se pueden plantar lechugas y plantas de temporada.

Los frutales enanos erectos, en cordón o en columna quedan muy bien en macetas grandes, donde también puede plantar arándanos con su compost ácido favorito; las fresas quedan bien en los márgenes, como cubierta vegetal o en torres especiales de fresas.

Reserve las zonas más soleadas para los tomates, los pimientos, las berenjenas y otras hortalizas que necesiten mucho sol; puede plantarlos en macetas o en parterres, junto a una pared soleada.

PLANTAS ACUÁTICAS

Algunas fuentes y estructuras con agua quedan muy bien sin plantas –por ejemplo, sencillos canales, surtidores, estanques poco profundos en los que el movimiento o el reflejo son los principales objetivos–, mientras que otras quedan mucho mejor con plantas o incluso las necesitan para su buen funcionamiento.

La mayoría de las plantas acuáticas no se desarrollan adecuadamente en corrientes rápidas y pocas veces crecen bien cerca de agua que cae o de remolinos, aunque siempre puede cultivar plantas que necesiten mucha agua en una zona húmeda cerca del agua. Los estanques son el lugar ideal para las plantas acuáticas y en ellos se puede plantar algo sencillo, como nenúfares en miniatura o, si existe suficiente espacio y profundidad, una amplia selección de plantas de ribera y acuáticas. Los estanques silvestres necesitan gran variedad de plantas acuáticas dispersas, como mínimo en la mitad de la circunferencia y en más de un tercio de la superficie.

Tipos de plantas acuáticas

De aguas profundas Prefieren una profundidad de como mínimo 23 centímetros y pueden cubrir una amplia superficie; por esta razón normalmente sólo hay sitio para uno o dos especímenes (generalmente nenúfar). Quedan bien en cualquier estanque.

Flotantes Son plantas cuyas raíces están sueltas, como la lechuga de agua y *Stratiotes aloides,* se desarrollan bien en agua poco profunda y en recipientes y resultan ideales en estanques formales y en centros de mesa.

Oxigenadoras Son plantas sumergidas que limpian el agua y la mantienen dulce. Son importantes en estanques grandes y en estanques silvestres para mantener las condiciones adecuadas para los peces y los insectos.

De ribera Son plantas que se cultivan cerca del borde de los estanques, y que sólo conservan la raíz en el agua. Iris, juncos y calas son algunas de las preferidas para los patios; generalmente se plantan en cestas sumergidas para un mejor mantenimiento.

Para las proximidades del estanque Suelen ser las más fáciles de ubicar, ya que simplemente necesitan tierra húmeda, aunque no anegada. Plante ruibarbo, rodgersia, lirio de la mañana o *Dierama,* cerca del agua para conseguir unos reflejos increíbles.

LUGARES PARA LAS PLANTAS

Un parterre con tierra para jardín es, sin duda, el lugar más fácil para cultivar plantas: las raíces no tienen limitaciones y no se hielan, no es tan necesario regarlo y abonarlo puntualmente y no se precisa cambiar las plantas de maceta cada año.

La tierra expuesta también ayuda a equilibrar los efectos del suelo duro del patio. La tierra absorbe la lluvia (sin embargo, las superficies no porosas pierden un 50 % del agua que cae), que las plantas después utilizan y que se evapora a través de sus hojas convertida en refrescante vapor de agua. No son necesarias amplias zonas de tierra sin vegetación y los mismos beneficios se aplican incluso a las juntas y a los lugares que se pueden plantar entre las losas, donde las raíces de las plantas se pueden mantener frescas y buscar la humedad que ha absorbido la tierra.

PLANTAS PARA GRIETAS

Algunas plantas resultan muy adecuadas para este tipo de espacios restringidos y aprovechan la sombra que tienen sus raíces bajo las losas, mientras la parte superior se mantiene seca y cálida en la superficie. Muchas plantas para grietas y pavimento se convierten en bonitas alfombras o en cojines redondeados de diminuto follaje que pueden proteger el suelo al eliminar las malas hierbas y rodear los bordes duros de las losas. Cuando se deja libre el espacio de algunas losas enteras se pueden agrupar plantas rastreras para formar una densa alfombra que se asemeja a un campo de césped en miniatura.

Entre las colonizadoras con un follaje atractivo que rápidamente suavizarán la angulosidad y la crudeza de cualquier pavimento nuevo se encuentran la alquémila (*Alchemilla mollis*, página anterior) y la resistente *Sisyrinchium striatum* o flor de satén (derecha), que forma macizos.

Cómo plantar en el pavimento

Cuando las losas del suelo se enlechan o se colocan con arena, es fácil abrir pequeñas ranuras de 2,5 centímetros para plantar; en el caso del mortero, hay que extraer con cuidado algunos trozos con un cortafrío y un martillo. Elija una planta joven y recorte la raíz hasta que quepa en la ranura o siembre semillas directamente en una mezcla mitad compost universal mitad arena.

Plantas apropiadas para grietas y ranuras

Tomillo enano, menta poleo y menta de Córcega, que tienen flores que atraen a las abejas y matas de diminutas hojas que desprende olores aromáticos cuando se pisan.

Arenaria, sagina, *Minuartia* y oreja de ratón *(Hieracium pilosella)*, con un follaje muy compacto y una textura parecida a la del musgo.

Varios tipos de cincoenramas alpinas *(Potentilla),* con flores de un color amarillo intenso y hojas parecidas a las fresas que resulten ideales en lugares soleados.

Sisyrinchiums y pequeños crocus (especialmente la variedad *Crocus tommasinianus),* que se propagan solos y sin causar daños en las grietas.

Armeria, manzanilla, *Anthemis montana* y margarita amarilla (*Anacyclus), es decir,* plantas rastreras que se pueden plantar en huecos del tamaño de una losa.

Plantas tapizantes, como acaenas, aubrietas, campanulas, *Erinus alpinus, Phlox subulata y Trifolium repens*

PARTERRES ELEVADOS

Cuando no se dispone de un terreno abierto –en un patio sin tierra, por ejemplo, o con un pavimento con mortero–, los parterres elevados ofrecen la posibilidad de cultivar gran variedad de plantas y, si agacharse le supone un problema, incluso con ellos, la jardinería le puede resultar mucho más agradable. Pero también tienen otras ventajas. Según el tipo de construcción, los lados y los bordes se pueden decorar con alpinas, trepadoras y especies naturales que crecen en los muros, aunque las plantas que se desarrollan en la parte superior son las que se suelen apreciar más. La forma, los materiales y la alineación de las paredes pueden reflejar y complementar el trazado del patio y conferir a los espacios que delimitan más protección. Además, son muy versátiles, ya que ofrecen la posibilidad de crear asientos de obra o un marco agradable para cenar al aire libre o incluso un plinto elevado con un centro con agua.

Los parterres se pueden diseñar como islas, accesibles desde todos sus lados, o se pueden construir alrededor de la linde del patio para reforzar la sensación de espacio cercado y privacidad. Un parterre que actúe como linde puede ser simplemente un muro hueco –dos paredes de

Plantas para muros huecos

- Los arbustos enanos y las plantas rastreras son perfectos, especialmente si se combinan con macetas de bulbos de temporada o, entre ellos, con plantas de temporada hundidas hasta sus bordes. Entre las plantas permanentes que se pueden utilizar se encuentran el hebe enano, las genistas y los sauces, además de la aurinia y la litodora y el romero rastrero o mejorana, para que caigan por los lados.

- Como alternativa, también puede estudiar la amplia variedad de alpinas que agradecen el buen drenaje, especialmente si puede mezclar un poco más de arena con la tierra. Pruebe algunas plantas, como diferentes tipos de androsace, arenaria, clavelinas, prímulas y especies y cultivares de saxifragas.

El buen drenaje y la calidez que reflejan son dos características de los parterres en muros huecos (izquierda), que ofrecen un hábitat agradable para plantas suculentas y de sol como la cola de burro, el sempervivum y los tomillos aromáticos.

ladrillo con una separación de unos 15 centímetros, por ejemplo– o puede ser lo suficientemente ancho como para cultivar hortalizas, plantar especies rastreras como el tomillo o la manzanilla o incluso césped para que sirva para sentarse y tomar el sol.

Cómo construir un parterre elevado

Los parterres pueden tener cualquier forma, siempre y cuando posean el tamaño y el estilo adecuado a su patio. Para asegurarse de que puede acceder a todas las partes con facilidad, limite la anchura máxima a unos 90 centímetros, si trabaja sólo de un lado, o al doble de esa anchura si el parterre es accesible desde ambos lados.

Pueden tener una altura cómoda o también varias alturas. No olvide que, cuanto más grandes y profundos sean, más tierra contienen y el peso extra puede suponer un problema en azoteas o sobre madera con cimientos rudimentarios.

Un parterre elevado junto a una pared debe tener una separación de como mínimo 8 centímetros de anchura para que exista ventilación. A menos que estén directamente en la tierra, los parterres deben tener agujeros de filtración cerca de la base para drenar, además de canales transversales de drenaje si se han construido en transversal en la pendiente del suelo del patio.

Materiales de construcción

Madera Los tablones de madera prensada o de madera contrachapada son fáciles de manejar, se trabaja bien con ellos y se pueden reparar, o cambiar de lugar si es necesario, con facilidad. Trate los cortes que haga al serrarlos con protector. Las paredes terminadas se pueden dejar al natural, se pueden pintar en colores llamativos

Las grandes dimensiones de estos parterres cuadrados elevados ofrecen un gran espacio para que las plantas enraicen y, además, armonizan con los grandes escalones.

o discretos e incluso se pueden revestir con láminas de metal para conferir un toque moderno.

Traviesas Aunque son caras y difíciles de manejar y de cortar o de agujerear, su textura envejecida confiere a estos elementos reciclados un gran atractivo y, como son voluminosas, la pared se construye rápidamente.

Piedra, ladrillos Son materiales prácticos, especialmente si son recuperados. Colóquelos en aparejo (juntas puente con fragmentos de la siguiente hilada), en seco o fijados en mortero.

Hormigón El hormigón se puede mezclar y verter *in situ* en un encofrado de madera o de otro tipo (se le pueden añadir pigmentos para conseguir un color permanente), aunque se puede utilizar en bloques como si fuesen ladrillos. Puede suavizar su duro acabado pintándolo con yogur o con una especie de masa de estiércol para que se desarrolle el musgo y las algas.

PLANTAR EN GRAVA

Cuando la grava es un componente del suelo del patio y debajo tiene una membrana geotextil que evita que crezcan las malas hierbas se puede utilizar como hábitat especial

Plantas para cultivar en grava

La mayoría de plantas alpinas y de rocalla, especialmente *Alyssum montanum*, androsaces, aquilegias y polemonios enanos, *Erinus alpinus*, flor de las nieves (*Leontopodium alpinum*), raoulias, *Sempervivum* y *Silene schafta*.

para aquellas plantas que necesitan un drenaje perfecto alrededor del tallo. Muchas de estas plantas se desarrollan bien en un pedregal –especies alpinas que crecen de forma natural en zonas rocosas de la montaña–, pero otras plantas pequeñas o rastreras sienten predilección por estas condiciones precarias.

Cultivo de plantas en una zona de grava

Retire la grava hasta que encuentre la membrana; con un cuchillo afilado, realice una cruz en la membrana y doble sus extremos. En el caso de plantas muy pequeñas, simplemente coloque una maceta sobre la membrana y corte

a su alrededor para extraer un círculo de ese material. Plante de manera que la parte superior de la raíz permanezca al nivel de la superficie de la tierra, rellene el agujero con tierra mezclada con arena, desdoble los extremos de la cruz debajo del follaje de la planta y reparta bien la grava.

Las macetas, uno de los elementos más adaptables, resultan tan indispensables en una distribución formal de las plantas elegidas (sobre estas líneas) como cuando se colocan de manera aleatoria para reforzar las plantas permanentes cultivadas en la tierra (izquierda).

RECIPIENTES PARA PATIOS

Casi todas las plantas se pueden colocar en macetas, que pueden ser de diferentes tamaños y estilos, desde piedras de reducido tamaño o troncos huecos para plantar

Una de las ventajas de las macetas radica en que las plantas de temporada, como estos tulipanes de primavera, pueden colocarse en el patio en un primer plano cuando están en flor y después se pueden reemplazar por especies que florezcan más tarde, o simplemente cambiar la maceta de lugar para que siga creciendo en un lugar más discreto.

pequeños helechos, hasta las macetas más comunes de barro y de plástico, pasando por grandes jardineras Versalles de madera o tubos de hormigón para drenar apropiados para topiarias y árboles frutales. Siempre y cuando conserve la tierra y pueda drenar el exceso de agua, cualquier recipiente resulta útil, nuevo o reciclado, fabricado para esa función o improvisado.

Muchas veces resulta más fácil cuidar las plantas cultivadas en maceta, ya que permiten mayor flexibilidad que cuando se plantan en el jardín. En macetas se pueden poner donde no haya jardín y, si no son muy pesadas y se pueden mover, es posible cambiarlas de lugar con facilidad por el patio, dependiendo de la estación, para seguir el sol o protegerlas del frío. Se puede modificar la distribución para que las plantas en flor se vean y ocultar las que no resulten tan hermosas. Las plantas más especiales pueden plantarse en determinadas mezclas de tierra especiales –tierra ácida para los arándanos y los rododendros, por ejemplo, y arenosa para los cactos y las suculentas.

Tipos de recipientes

Barro Las macetas de barro y de terracota son tradicionales y tienen un aspecto cálido y agradable. Aunque están disponibles en gran variedad de tamaños, las más útiles para el patio son las que tienen un diámetro a partir de 15-20 centímetros. Algunas se rompen con facilidad si no se manejan con cuidado y no todas son resistentes a las heladas.

Plástico Algunas macetas de plástico son simplemente prácticas, pero las de gran tamaño pueden resultar muy decorativas e incluso tener colores llamativos. Suelen ser más resistentes y duraderas de lo que su aspecto muestra

y resultan más ligeras para cambiarlas de lugar que las de otros materiales. Conservan bien la humedad, pero a veces el plástico se estropea después de permanecer mucho tiempo al aire libre.

Piedra Son recipientes pesados, pero impresionantes y muy duraderos, y a menudo resultan un detalle decorativo incluso sin plantas. Los recipientes de piedra auténtica tienen un precio más elevado que los de imitación, aunque estos últimos pueden parecer auténticos. Las plantas se desarrollan bien en los dos tipos.

Madera La madera es un material ideal para crear sus propios recipientes, tanto si son las típicas macetas cuadradas clásicas para los setos y arbustos podados en topiaria como si son las sencillas jardineras para alféizares y cornisas. Las barricas son sólidas y amplias, apropiadas para plantar arbustos, árboles y colecciones de plantas más pequeñas o para crear pequeños jardines acuáticos.

Metal El zinc y el acero galvanizado tienen un aire más antiguo y el aluminio y el acero inoxidable resultan mucho más modernos. Estos materiales, que confieren un toque elegante o industrial, pueden reflejar el entorno duro y mostrar precisión en una plantación informal. El acero oxidado también puede resultar muy atractivo.

Cestería El alambre, el mimbre, el bambú y otros materiales que se pueden entretejer resultan ligeros y etéreos y confieren un toque de encanto rústico o de moderna sencillez tanto a las cestas de suelo como a las colgantes. Todas las cestas necesitan un forro resistente que sustente la tierra y conserve la humedad.

Mantenimiento de los recipientes

Las plantas cultivadas en maceta dependen de quien las cuida para conseguir sus nutrientes. Compruebe regularmente si necesitan agua –diariamente si hace calor– y abónelas cada diez o catorce días durante las primeras seis semanas después de haberlas plantado o trasplantado.

Además de los agujeros de la base para drenar el agua, los recipientes necesitan una buena capa de materiales que drenen (guijarros, fragmentos de azulejos, de poliestireno) antes de llenarlos con la tierra.

Los vientos intensos pueden secar el follaje y la tierra incluso más que el sol. Coloque en un lugar resguardado las plantas frondosas y las macetas pequeñas, especialmente en invierno y en primavera, cuando son más vulnerables.

Conserve las plantas jóvenes y las macetas de paredes finas a cubierto en épocas de heladas o envuélvalas con materiales aislantes: si la maceta se hiela puede resultar fatal para las raíces.

Plantas para poner en macetas

Amelanchier lamarkii, melocotoneros y albaricoqueros enanos, naranja mexicana (*Choisya ternata*), *Prunus incisa* «Kojo-no-mai», *Nandina domestica*, *Wisteria sinensis*, madroño (*Arbutus unedo*), laurel (*Laurus nobilis*), *Osmanthus heterophyllus* jaspeado, *Viburnum x bodnantense* «Dawn» y (en tierra ácida) *Camelia japonica*, *Magnolia stellata* y *Rhododendron yakushimanum*.

Las plantas leñosas muy duraderas, como los arbustos y los árboles (página anterior), crecen mejor en macetas grandes, donde se pueden dejar durante años, ya que sólo hay que cambiar la capa superior de tierra vieja por otra nueva. Si va a dejar las plantas en las mismas macetas durante muchos años, elija recipientes que resulten atractivos.

Trasplante las plantas con compost nuevo cada primavera. En los recipientes grandes es suficiente si se reemplaza la capa superior de 5-8 centímetros de tierra vieja por otra nueva.

ACOMODAR LAS PLANTAS

Las plantas para el patio suelen verse desde la casa o la zona de estar del patio, por tanto, es más probable que se cuiden más y reciban más atención cuando la necesitan que las plantas que se encuentran en el jardín. Afortunadamente es así, pues son más sensibles a los cambios de temperatura y a los cambios extremos que las plantadas en el suelo y hay que tomar medidas especiales para mantenerlas en buen estado.

TIERRA Y ABONO

La tierra del suelo forma parte de un entorno más amplio y está preparada para afrontar cambios, mientras que la tierra de los parterres elevados y de las macetas, con una cantidad todavía más limitada, se puede secar con rapidez, especialmente si están al sol. Los nutrientes tampoco son eternos y se tienen que reponer cada cierto tiempo, particularmente en mezclas hidropónicas, que normalmente sólo contienen nutrientes solubles que se agotan con rapidez.

Relleno de los parterres

Empiece con una buena y equilibrada mezcla de tierra y materia orgánica. La tierra de la capa superior que se ha retirado para construir el parterre resulta ideal si se mezcla con materia orgánica, que conserva el agua y va liberando nutrientes a medida que se descompone: compost para jardinería, abono en bolsas, compost a base de hojas, lúpulos u hongos. El compost mezclado con tierra especial para macetas también se puede utilizar, pero es una alternativa cara para parterres, a no ser que pueda comprarlo al por mayor. Añádale un abono recomendado con fertilizantes de liberación lenta y mézclelo bien.

Primero extienda una capa generosa de escombros para que drene bien –hasta 1/4 de la profundidad total no es excesivo y puede reducirle el coste de la tierra o del compost. Cubra esta capa con una malla de plástico. Si ha sacado césped del terreno para construir el parterre, puede extenderlo sobre la malla con la parte de la tierra hacia arriba antes de rellenar el arriate hasta el borde con la mezcla para plantar. Deje la tierra varias semanas para que se asiente o presiónela con fuerza con una estaca o con un poste si quiere plantar inmediatamente. Todos los años a finales de primavera tendrá que añadir más tierra o más materia orgánica, o por encima o mezclándola con los 10 centímetros superiores de tierra con una horqueta.

Compost para macetas

Siempre que sea posible, utilice un compost que contenga tierra. Además de conservar sus propiedades durante más

Las plantas situadas en lugares expuestos, como en balcones o en azoteas, se secan con mayor rapidez debido al viento y al sol, especialmente si están plantadas en recipientes de metal, que se calientan inmediatamente; en estos casos es esencial un riego regular y frecuente.

tiempo, los compost con una base de tierra son más pesados que las mezclas hidropónicas y proporcionan mayor estabilidad a las macetas que están más expuestas. También drenan bien –quizá con demasiada rapidez para algunas plantas de bosque y plantas que necesitan mucha agua, aunque estas plantas también se desarrollarán bien si los últimos 5-8 centímetros de las macetas se rellenan con una capa de compost sin tierra. Antes de rellenar las macetas, extienda en la base una capa de drenaje de 5 centímetros y cúbrala con una malla para evitar que el compost se filtre por debajo o añada un cobertor de lana sintético si también quiere evitar las lombrices. Utilice un compost ácido para plantas que se desarrollen los suelos con PH ácido, como ericas, azaleas y pieris; mezcle arena y compost en la misma proporción para alpinas y suculentas y añada en la parte superior de la maceta una capa de 1-2 centímetros de arena.

ESTRATEGIAS DE RIEGO

El riego constituye una parte muy importante del cuidado de las plantas, especialmente en el caso de macetas pequeñas con un volumen limitado de compost. Para retrasar o reducir la necesidad de agua:

- Forre los recipientes porosos (de barro y de madera, por ejemplo) con láminas de plástico perforadas en algunos lugares.
- Impermeabilice con varias capas de sellador el interior de las paredes de piedra y de ladrillo y de recipientes.
- Cuando rellene cestas y pequeñas macetas, añada al compost gránulos secos de gel para retener el agua (pero no en otoño, para evitar que la tierra se empape demasiado en invierno).
- Reduzca la evaporación cubriendo la superficie con materiales sueltos, como corcho, grava, arena o guijarros, según el estilo de la plantación.
- Durante épocas de sequía, agrupe las macetas pequeñas y colóquelas en un recipiente o en una bandeja profunda con guijarros o compost usado hasta los bordes y manténgalo húmedo para que las macetas no se sequen.
- Considere instalar un microrriego con un sistema de tuberías y de líneas de goteo individuales que conduce el agua automáticamente desde un depósito hasta las macetas.
- Para mantener los parterres húmedos se puede utilizar una manguera agujereada o una tubería que simplemente gotee. Colóquela en la superficie y cúbrala con una capa gruesa de tierra.

CUIDADOS INVERNALES

Unas cuantas sencillas precauciones pueden ayudar a que las plantas sobrevivan al invierno.

- Los recipientes de metal transmiten las bajas temperaturas con rapidez; forre el interior de los recipientes con papel de periódico antes de rellenarlo con compost.

El patio en invierno, aunque ya no sea un acogedor salón al aire libre, todavía puede resultar muy atractivo, especialmente cuando está decorado con delicados toques de escarcha o de nieve recién caída.

- No abone las plantas a principios de otoño y evite los fertilizantes con nitrógeno después del día más largo del año, ya que ablandan las plantas.
- Retrase la poda de las vivaces perennes hasta la primavera: el follaje superior proporciona protección a la fauna, ayuda a aislar la copa aletargada y resulta espectacular cubierto de escarcha.
- Tenga a mano lana, plástico con burbujas o mantas viejas para cubrir los recipientes cuando vaya a hacer frío.
- En un lugar resguardado del viento frío, agrupe las macetas pequeñas y de paredes finas para que resulte más fácil cubrirlas.

A finales de invierno

Celebre la llegada de la primavera con la limpieza del patio. Puede alquilar una manguera a presión, que es muy fácil de usar y limpia muy bien, o utilizar una escoba dura con agua y arena para restregar el suelo y eliminar la suciedad y las resbaladizas capas de moho. A medida que el clima vaya mejorando, repase los muebles y las macetas para comprobar si hay que lavarlos o volverlos a pintar. Cuando, finalmente, las plantas muestren señales del nuevo crecimiento, puede empezar a trasplantarlas y a abonar los arriates y las macetas para preparar el patio para la nueva temporada.

ÍNDICE

Los números de página en *cursiva* remiten a las ilustraciones